白雲自去來

改變心態，煩惱就是菩提

不思善、不思惡，這不是道德的意識，
而是貫通相對認識的境界。
二元性對立，會令人產生迷惑，
所以禪者要為絕對的認識而生，
只有不偏不執的心，才是禪心。

滌塵——著

目錄

立秋

處暑

目錄

改變心態 煩惱就是菩提

contents

寒露

霜降

目錄

改變心態 煩惱就是菩提

contents

立冬

小雪

大雪

目錄

改變心態 煩惱就是菩提

contents

冬至

小寒

大寒

立秋

改變心態煩惱就是菩提

月落不離天

人皆有人我差別之心，認爲他人與自己毫無關係。

但是，爲什麼南北兩地的人，會恰恰相逢某處而結爲至交，甚至結爲夫婦呢？這就是所謂的「因緣」。

「因緣」確實是不可思議的！

人的本源皆具有佛性，所以終歸爲一體。

水流元在海，

月落不離天。（《五燈會元》）

河流自在的緩緩流動，最後終將流匯大海，融合成洋。

抬頭見皓月當空，忽而月又西沈，但它已不存在了嗎？非也，月依然存在天際，只是人一時看不見而已。

人本具有佛性，雖然在人生旅途中可能會產生種種變化，以各種姿態和形式出現，但最終還是會顯現佛心而復歸清淨。

深明此理，人生的重擔便可頓時減輕。

一粒粟中藏世界

把一粒小小的粟米放在掌中端詳。

這小小的一粒粟米，是人力無法做出的，必須將種子種在土中，灌溉施肥，再賦予陽光雨露、天地恩德，方可萌芽、出穗，而至開花結果。一粒粟米的生命，尚具有如此不可思議的力量，怎不令人感極而嘆？

一粒粟中藏世界，
半升鐺內煮山川。（《五燈會元》）

凝神注視這一粒粟米，即可感受到宇宙中所潛藏的偉大力量。準此而言，當我們量取半升粟米，想要以鍋煮熟時，這鍋中豈非充滿整個天地的生命？這能量不是充沛無限的嗎？

人若不能體悟自然神奇的力量，便無法產生智慧而開悟禪道。

首先要感謝萬物。感謝這一粒粟米。

也應該向一滴水合掌致謝。

常存感恩之心，人生到處充滿幸福。

臨機應變

師徒之間互證禪理，必須隨時掌握時機，始有頓悟的可能。

一旦潛心修練佛道，必須不惜代價，下苦工眞參實證。

禪師也應給予弟子正確而適時的教導，使之能契證於心，進程才能迅速。

所謂的「機」，即內心的活動，也是禪師視時機，依弟子的領悟能力傳授的禪法。

兩喝與三喝，
作者知機變。（《碧巖錄》）

此「機變」，即臨機應變。

禪師應弟子之「機」而大喝，一喝不足，繼之以二喝、三喝，至所授之禪學完全圓熟通達，方爲悟道。

以「喝」來促使弟子悟道，端賴師徒兩心的契合。

月白風清

中國的萬里江山，的確氣勢雄偉。

沿長江至赤壁古戰場，赭紅色的岩壁陡峭險峻，令人發思古之幽情。遙想三國時代，明月高掛，一輪如雪，清風拂過江面，眞是神仙景致。蘇東坡的《赤壁賦》膾炙人口，其中的赤壁雖與赤壁古戰場並非同一處，但東坡一腔懷古幽情，使自己彷如身歷其境，而寫下不朽的前後《赤壁賦》，「月白風清」便是其中名句。

曹操，「固一世之雄也，而今安在哉？」道盡了生命如蜉蝣般短暫的無奈，所以東坡於無盡的天地之中，大嘆：

況吾與子（指曹操）漁樵於江渚之上……舉匏樽以相屬，寄蜉蝣於天地，渺滄海之一粟。哀吾生之須臾，羨長江之無窮。（《前赤壁賦》）

赤壁之雄奇，特別能讓人感嘆人的渺小，縱使是英雄豪傑，亦敵不過時間之流，只有天地自然長在，令人爲人之短視浩嘆！

無一物中無盡藏

仰望萬里晴空時，往往令人身心俱爽，似與碧潔的穹蒼合而爲一。雖然蒼天空曠無物，卻浩瀚得能容下宇宙萬物。

全力以赴來貫徹目標，在排除障礙、達成理想時，回顧實踐的歷程，實可參透人生玄機。

蘇東坡是北宋大詩人，也是禪學高人，他因參禪而悟得人生眞理，可謂達人。他曾詮釋「無一物」的眞義，說：

無一物中無盡藏，
有花有月有樓台。《東坡禪喜集》

無一物中無盡藏，是一種否定之後再否定的肯定句，亦即是說：只有當「我執」祛除了，僅餘「眞如」時，方能感受到萬物皆眞理的「無盡藏」。

能以純淨無欲的心，體悟絕對「無」和絕對「空」的境界，便是習禪者要修行的人生態度。

心不可得

做學問，必須融會貫通，否則毫無益處。

與臨濟禪師齊名的德山禪師，年輕時在南方發揚禪學，被稱爲解《金剛經》的第一人，但是，他對「即心即佛」的禪理無法參悟，便背著《金剛經青龍疏抄》的注釋本，向南方前去，希望能解開心頭疑惑。正當他走得又餓又累時，恰逢一間茶館，便入內歇息。茶館主人見德山禪師背著包袱，便問：

「大師，這麼大的包袱中，裝些什麼東西啊？」

「是珍貴的《金剛經青龍疏抄》注釋本。」德山禪師回答。

茶館主人又問：

「這本《金剛經》說：

過去心不可得，現在心不可得，未來心不可得。

不知大師的心是屬於哪一種心呢？」

德山禪師一時張口結舌、無言以對，這才恍然大悟禪意超越文字的眞理。

風吹不動天邊月

明月高掛中天。

風吹雲動，浮雲隨著風不停的移動，而明月卻總是高掛空中，不爲所動。

人心的煩惱就像浮雲一樣，爲「我執」的風四處拂動，如果能像月亮一樣，就不會有煩擾纏心了。

風吹不動天邊月，
雲壓難摧澗底松。《普燈錄》

寒冬中，雪花紛飛。

樹梢上積壓著厚重的積雪，然而強壯的老松並不爲冰雪所摧折。

人心也被掛著拘執的積雪，願能似古松般堅強不屈，不因雪寒而折枝。

做人確是一門深奧的學問，只有經常洗卻塵垢，才可自在生活。

水深波浪靜

古詩云：「學問很深方固道，功名水到自渠成。」意思是：「學問廣博自可成道，流水一來自成溝渠。」此乃自然界的眞理。

水有多種性質，所以一般常用水來做比喻。

禪者勸人要和「水」多接觸，因爲：

水深波浪靜，學廣語聲低。

水，同樣也象徵佛心。雨、雪、冰、雹的外形雖各有不同，但融化後都變成水、流成河，由此可體認出「水到渠成」的眞諦。

黑田孝高是安土桃山時代的軍官，別號「如水」，曾協助豐田秀吉統一日本，在政治上具有舉足輕重的地位。他說過：

「自己活動，並能推動他人的，是水；經常探尋自己方向的，是水；遇到障礙物時，能發揮無比力量的，是水；以自己的清潔，洗淨他人的污濁，有容清納垢之大量者，是水；汪洋大海，能蒸發成雲、爲雨、爲霧，或凝結成冰，但不論它變化如何，皆不失其本性的，也是水。」

不知誰入蒼龍窟

中國人對蒼龍始終持有一份敬意。

蒼龍即青龍，亦即方位四神——「蒼龍、白虎、朱雀、玄武」——之一。後來被東方禪學借寓為禪學深奧的宗旨，由此可見禪理之精深幽祕。

三千剎海夜沈沈，
不知誰入蒼龍窟。（《碧巖錄》）

明月初升，雲間射出清冷的月光。

我在庵中坐禪，仰首望見寒夜月光，《碧巖錄》中的名句油然自心中生起。

使此生深具真義，方不愧己心，亦不虛此行。

禪道的目的在激勵人精益求精，使人生無苦無瞋。

隨處快活

性格開朗、心地寬大的人，無論處身何地，都會成爲人群的中心。因爲他發散的溫暖，吸引別人的心靈，自然而然的環繞在他左右。跟他暢談之際，更是心中茅塞頓開，一切煩勞塵想盡數袪除，這樣的人就是有大智慧的人。

的確，人無論身居何處，皆應無礙自在、常懷清淨之心。

生老病死，並不是人所能預測或安排的。與其爲此束縛煩惱，不如隨處快活。

道元禪師曾說：所有修行者都難以忘懷釋尊的慈恩。

凡人莫不有心謝慈恩，凡人莫不有心報此恩，

人多不忘世恩，而猶思之，此謂人。

祖師大恩應勝於父母，祖師慈愛應不遜於親子。（《正法眼藏》）

故一個人只要深切感謝祖師的慈愛，心地立時寬大豁達，足以隨處快活。

前三三後三三

在現代社會中，數字的地位愈來愈重要，沒有數字觀念的人，幾乎無立足之地。然而，瞭解數字、精於計算的人，又往往囿於數字，以致完全失去自我。這時，數字成爲主人，而人卻淪爲奴隸，如此因數字而虛耗一生的大有人在，實在是令人爲之浩嘆。

無著文喜禪師曾訪問住在山西省靈場五臺山的文殊禪師，當他問文殊禪師門下弟子若干的時候，超越數字觀念的文殊禪師，即拋卻一切執著，答曰：

凡聖同居，龍蛇混雜……

前三三後三三。（《碧巖錄》）

文殊禪師之法眼觀之世間的一切，無論前後，俱爲無數，全部是佛法的修行者。人生也應超越數字，方可體認自我，活得更實實在在。

不雨花猶落

八月的一天，修行者問趙州和尚：「槿花凝霜，梧葉成秋，此中，現成事如何提倡？」

趙州和尚曰：

不雨花猶落，無風絮自飛。（《槐安國語》）

不下雨，花亦自然飄落；不颸風，柳絮亦自然飛舞——這是自然界的最佳寫照。

人常說無常，似乎覺得花之凋落是因風雨肆虐，其實花開之時已注定花落，花落乃是必然的結果，風雨不過偶爾助其成爲事實罷了。

但如果因爲「花開必會落，人有生必有死」的自然定律，而抱持超越寂寞與悲傷的態度，不知傷悲，也不流一滴淚，這也不是所謂的「了悟」。要能深切的領悟到生之淒愴，才能和禪理相通。

佐津夫人是白隱禪師的得意弟子，當她不幸遭遇喪女之痛時，也和一般婦女般號啕大哭，她的同門都指責她，但她卻置之不理。什麼是悟？人生之所以教人悵然淚下，乃因人可不忘人性，又超越人性。

山色豈非清淨身

以寧靜之心，與遠山對望，往往有物我相忘的出塵之想。獨坐山頂的坐禪石上，游目四顧滿山遍野的紅葉，心凝形釋，心胸豁達，幾與萬物冥合，人生再也沒有比這更美好的一刻了。

北宋詩人蘇東坡於廬山龍興寺，拜訪常聰禪師時，參禪至子夜，忽聽見山澗清流潺潺作響，推窗遠望遍山紅葉，突有感悟，原來萬籟似爲釋尊之梵音，清澈和雅，遠近可聞，當即作了一偈：

溪聲便是廣長舌，
山色豈非清淨身，
夜來八萬四千偈，
他日如何舉似人。（蘇東坡）

置身山水中，傾聽萬籟聲，則八萬四千佛法油然而生，正是至善至高的妙境。

發露白佛

能將自己的缺點完全袒露，而且能懺悔反省的人，是最了不起的！

很少有人能赤裸裸的面對自我，而作一個徹底的反省。

人內心深處往往自視甚高，以爲自己與眾不同，但在我佛面前，應斬斷此種傲岸，坦白表露一己的罪業。

流著熱淚懺悔的人，最具眞實心性。

如此懺悔，

定有佛祖冥助。

應心念身儀發露白佛。

發露之力使罪根銷殞也。（《正法眼藏》）

道元禪師如此勸勵人們，盡力發露白佛。

沒有人蓄意妄作妄爲，一切皆因欲念所誤，人心一旦被迷慾控制，就無法看清一切，以致造成犯罪的行爲。

願能以發露之力，來斬卻罪惡之根。

言中有響

整天口若懸河，事實上言不及義，這種人雖然說得多，但聽者卻未必專心，只是自鳴得意而已。

言之有物的言論，通常反倒是簡潔而能直指人心的，所謂：

言中有響。（《碧巖錄》）

得道高僧，一般都很少說話，偶發一言，即已道盡哲理，永銘人心。

道元禪師便曾說過一句令人難忘的話：

「欲達佛道，
不在劣器鈍器、利器銳器之別，
而在本心之志也。」

這眞是勵志良言。

只要志氣堅定，不屈不撓，下眞參實證的工夫，雖劣器鈍器亦能通達佛法。

處暑

改變心態煩惱就是菩提

碧潭清皎潔

心靈澄淨者最難能可貴，因爲擁有一顆明淨無垢的心，好比秋月般皎潔明澈。

吾心似秋月，

碧潭清皎潔。（寒山詩）

「吾心」，並不是感情的心，而是本質的心。本質的心不只是寒山有，任何人都有，是一種極普遍而絕對的東西，也就是一般人所說的佛心、佛性以及佛的生命。禪者多半用所謂的「本來面目」來代替。

象徵本質的心的「秋月」，普照眾生，乃唯一的存在體。只要是清澈的水，無論是山谷中的澗水，或是泥塘中的池水，都能映照出月亮的影子，此即所謂「純眞的人性」。純眞就是「碧潭清皎潔」，皎潔不單指清潔，也包含了不潔與清潔者，同時又超越了兩者。

此詩的下兩句是：「無物堪比喻，叫我如何說！」意即沒有和本心可相比擬的對象，叫我怎樣說明呢？將絕對、平等、唯一等相反之物，培養至彼此之間互不矛盾，就是本質的心。體會了這樣的心情，再來賞月，當倍覺思古之幽情。

心佛不二

高掛理想，爲之馬不停蹄、勞碌奔波一世的大有人在，但最後不是筋疲力竭、一事無成，就是突然發現自己到頭來仍是兩手空空、一無所獲。

其實，人生根本不須如此疲於奔命。

達摩大師面壁靜坐，長達九年，所謂：

心佛不二，

故言，

即心即佛。（《傳心法要》）

這句話値得細細體會。

佛即本心，此心即佛，如果時時返觀內照，檢視自己的心靈是否爲塵垢所染，並即刻洗淨，就能心佛合一。

現代人每天汲汲營營，如荷重物，如行遠路，妄念拘執，如影隨形，只有學會時時修行、刻刻滌心，才能卸下重擔，皈依我佛。

體露金風

大部分的人對現有的一切，總是極端不滿。

「我在研究所主修心理學，畢業後卻學非所用，只做了出國旅行團的導遊而已。」他自己否定了自己，這種言論實在令聽者十分詫異。

爲什麼會不安於現狀呢？爲什麼要滿腹牢騷呢？

有一位雲遊僧曾向雲門禪師請示佛道：

「樹凋葉落時如何？」

雲門禪師回答了一句話：

體露金風。（《碧巖錄》）

雲遊僧本來問的是：「秋天來臨時，樹葉凋落。一直纏繞我心的執迷，也隨之飄落。這樣的秋天，怎麼樣呢？」

雲門禪師卻答非所問，只是說：「秋天眞好，可以體露金風！」

人一否定現在，就無法看清一切，唯有肯定當下是處，才有長進。

安身立命

日本文學家芥川龍之介在寫下：「爲某種莫名的不安所困擾。」這句話之後，以自殺了結生命。

被日本人譽爲天才的芥川龍之介，比任何人都更想瞭解生命的眞諦，他一生不懈怠的在現實中生活。

最後他卻因「莫名的不安」而走上絕路，爲什麼呢？

禪宗二祖慧可亦曾爲相同的煩惱所困擾。並爲此至少林寺參訪達摩大師，請教根絕內心不安的方法。

不料，達摩大師竟說：

將心來，與汝安！（《五燈會元》）

慧可禪師一時大爲驚愕，因爲他忽然發現，自己根本無法將不安的心取出來給達摩大師審查，既然這樣，還有什麼「不安的心」呢？

也就是說，祛除妄執塵念，始可安身立命。

無聞無得

有些人非得透過語言或文字，否則無法理解事物的道理。

有些人卻無須憑藉外物，即可直指核心，把握事物的本質所在。

禪就是不經過文字語言，就能徹悟眞理的一種精神。

夫說法，

無說無示，

其聽法，

無聞無得。（《碧巖錄》）

直指核心，而又不爲之所制，這就是禪。

正如秋風吹拂，彷彿全在掌握之中，而又全然虛無，如此不爲意識拘束，亦不拘束意識，即是禪意。

禪的精義就是無聞無得。

無執無拘，任運自在，始見可貴。

雲收萬岳

黃昏時，風起雲湧，晚霞滿天。

遠山重疊，雲層隱約，連月光也無法照射到大地上。

遠望黃昏暮色，山岳凝立，往往可以悟得大自然即是佛法所體現的禪意。

雲收萬岳，

月上中峰。（《普燈錄》）

月亮隨著雲朵游移，到處灑落清輝，這種溫柔，似乎比耀眼的陽光，更能清楚的使人看清天地實相。

月華無限，此時此刻，眞可充分體悟佛法的體現，正是如此明心見性。

掬水月在手

寒夜星空，明月在天，普照大地。

人類儘管傾盡一生的心力，明月仍然高不可攀，難以親近。

然而，月映水中，當禪人雙手合掌時，不就可以由掬水的動作，將月影永留指掌之間嗎？

人總是習慣於將自己和身外事物區別開來，與之對立，並局限於對立的無自由中。殊不知在這種二元論中，是沒有快樂可言的。

掬水月在手，

弄花香滿衣。《虛堂錄》

無論是月或是花，皆應與一己合而爲一，唯有當主觀和客觀一如時，人才能解開內心的迷惑。

所以，我們應當體悟世間的一切都是心靈的表現。

照顧腳下

在禪寺的脫鞋處，經常可見到寫著「照顧腳下」四個字。一般人皆以爲是請來客將鞋子擺好的意思，其實它還有一層更深遠的哲理。

有一位雲遊僧，想知道達摩大師自印度東來中國的主要目的，便請教孤峰覺明禪師：

「如何是祖師東來意？」

禪師肅然的回答：

照顧腳下。（《徹心錄》）

雲遊僧看看腳，聽不懂禪師的意思。

他問的是「祖師東來意？」這個大題目，卻忽略了身旁「照顧腳下」的深義。

一切意蘊，皆應自問，他人之所作所爲與己無關。唯有照顧自己腳下，自悟自得，方得眞道。

見色明心

人們總是拘泥於有形的物欲，並企圖緊捉不放。

冷眼旁觀俗世凡人，終日惶惶碌碌追逐名利，不惜一切犧牲，究竟能得到什麼呢？

所以，日本作家鴨長明寫過一段警句：

人皆在愚中營生，

於危如累卵的京中造屋，耗費錢財，自尋煩惱，

小心侍候，了無生趣。（《葛藤集》）

聰明的人應該將身心回歸自然萬物，成就無上慧業，千萬不可執迷於無常的形體之中。

悟了同未悟

大覺大悟的人內心無牽無掛，心中清淨，猶如赤子，他能寬大的容納一切。

悟了同未悟。（《永平知事清規》）

此即「返璞歸眞」。

良寬禪師在窮途潦倒之際，又遭宵小光顧，但當時他已一貧如洗，只剩身上蓋的一床舊棉被。那天晚上月明如晝，良寬禪師清清楚楚看見小偷臉上失望的神情，於是故意說夢話，翻身到棉被外，好讓小偷能拿走被子而略有所獲。

當時良寬禪師望著小偷的背影，面露微笑的喃喃自語：「我做了一件善事。」

悟道的人已無我執，將別人的事看得比自己的更重要，所謂「凡聖等一，皆以本來心爲心。」因此，本質上無所差異。

人如果能不拘執、不妄念，將是何等快樂！願自勉之。

明月拂清風

在這個世界上做人，並不是一件容易的事。要活得眞實，就必須抹煞自我，忍讓克制，尊重他人。

但是，禪卻摒絕自己和他人的二元論，強調眾生一體。

清風拂明月，
明月拂清風。《人天眼目》

明月和清風亦是一體。

明月和清風並不是對立的兩個東西。

生存並不容易。

不過，若能體認自己和他人一如，則人際關係便無苦惱，因爲他即我，我即他，再無分別心，則苦惱何事？因此，人應具有人我合一之人生觀，讓自己活於他人之中，他人亦存於自己之中。

涅槃妙心

案頭上供奉著一尊佛像，時時刻刻觀察祂來警戒己心，結果每每感覺佛像的表情，因光線照射的角度，而產生不同的風貌，十分鮮活生動。涅槃妙心之相，也是依己心的安樂與否產生變化。如果心靈不夠清明，則視佛像的表情，也似乎眉頭深鎖，苦惱不寧。

這實在是不可思議！

吾有正法眼藏，涅槃妙心，

實相無相，微妙法門。（《無門關》）

這句話是釋尊在靈鷲山中拈花示眾，作無言說法時，以平淡的語氣道出的眞理。意思是正法眼藏即開悟，不是文字或言語可以表達盡致的。

釋尊當時拈花微笑，不發一言，眾人皆不解其意，只是默默並立。其中唯迦葉尊者心有開悟，破顏微笑，當他抬頭仰望釋尊時，彼此以心傳心，佛法就在雙方目光的交會中傳承了。

修證不二

人出生後不久，即須牙牙學語，學齡期一到，立即上學學習文字，如此經歷小學、國中、高中、大學四個階段的教育後，便踏入社會就職。

學生時代，因一切尚在學習當中，所以允許有些許錯誤。但進入社會後，要求就較爲嚴格。

一般人以爲只要不斷修行，就可取得正悟。但道元禪師則從只管打坐的立場，主張修與證爲一體之兩面，須相輔相成，始克全功。

修證不視為一，乃外道之見也。佛法上修證是一等（首重修證）。今亦為證上之修，故初心之辦道（初入佛門者的修行佛道）乃本證之全體也。是故，於授以修行之心法時，亦教以修外不可有待證之念。（《正法眼藏》）

人生即修行，修行即證悟，修證合一，方可悟得眞實的人生。

靜勝三昧

獨坐庵中，靜觀天空一輪明月。

在忙碌的日子裡，寧靜是一種相當奢侈的享受。

萬籟俱寂，甚至沒有風吹松梢之聲，在這樣沈寂的深夜中，一個人坐禪養性，心地特別安寧自在。

「靜勝三昧」指的就是這種無爲靜寂的坐禪。靜寂的虛心，最爲珍貴。

道元禪師曾說：

於草庵中或睡或醒，所申皆為，

南無釋迦牟尼佛憐我。（《草庵偶詠》）

道元禪師在寂靜的深夜中，思及釋尊的慈恩，可能也忍不住熱淚盈眶吧！

人終日爲名利奔忙，心靈極易爲妄想欲念所役，以致永無寧日。唯有將一切貪欲迷情盡數棄絕，皈依佛門，始可得到內心之平和。

八大人覺

終生秉持著堅定的原則，向目標行進著，生活必定安適而自在。

道元禪師於寂滅之前，最後遺下的教誨爲「八大人覺」。

欲達涅槃，必須奉行八大德目，這與釋尊圓寂前的遺教是一致的。

少欲／知足

寂靜／勤精進

不妄念／修禪定

修智慧／不戲論。《正法眼藏》

此八大德目源之於一，所以只要擇其一德，時刻奉行，就可以算是實踐了八德。

身心虛寂，即少欲，即知足。八德之根本爲一，遵循八德之一，一生就受用不盡了。

白露

改變心態煩惱就是菩提

兩忘

就如「兩頭俱截斷，一劍倚寒天」一樣，因領會到相對的認識方法，而把一切對立的觀念捨棄，此即是：

兩頭共坐斷，
八面起清風。（《槐安國語》）

「兩忘」也就是脫離二元想法後的心境，亦即將執著兩者的心盡數拋棄。黑住宗教宗曾說：脫離有無生死，生活才會快樂，生命才得以延續。但如果人一直把富與貧、生與死互相比較，兩者的對比就更趨明顯。拋棄有與無、生與死，活著的時候，自由自在的活，死亡來臨時，也心胸坦然的面對，當成是大自然的一種輪迴，有這樣的心情才是眞正的了悟生死。

無論人生的際遇如何，都能用一段論法貫徹始終的話，遇到生時就可忘了生，遇到死時也可忘了死，這樣即可悠然的生活了。所以智者說：「死即是生，生即是死，萬物永存。」如此反可品味出充實的生死及永恆的人生。

迴光返照

具有「嚴以律己」的精神的人，才有管理他人的資格。

因爲「嚴以律己」需要極大的勇氣。

人大半寬待自己而嚴以責人。必須拋卻我執，才能返照自己的本來面目。

道元禪師律己甚嚴，他曾說過：

須學迴光返照之退步。（《普勸坐禪儀》）

應冥思反省，放下塵事，虛無此心。

並且只管打坐，不爲外務分心。

如此才能體悟「眼橫鼻直」的本來面目，虛心的返觀內照，明心見性，而與萬法合爲一體。

一器水瀉一器

百年樹人，教育是極爲艱難的一件任務。

但也正因爲困難重重，才有收穫的喜悅可言。

禪的教育不在傳授知識，而是將禪師的日常生活與人格，完完全全傳承給門下弟子。

圜悟克勤禪師是一位機鋒縱橫的高僧，他對教導門生的觀點是：

譬如——

一器水瀉一器。（《圜悟心要》）

這眞是名僧名句。

禪的教育亦即如此，猶如把一個容器中的水，一滴不漏的瀉至另一個容器中。

因此，禪師必須不斷的磨練自己，把最完善的人格交給弟子，一滴都不外流，而弟子再加修行，使自己更爲成器，如此「一器水瀉一器」，境界就會愈來愈大。

起清風

單純的人際關係，最令人覺得愉快。

如果日常談的不外乎金錢或人與人間的閒話，身心便無一刻清淨。

在中國禪林，以嚴猛知名的虛堂禪師有三位禪友，即石帆惟衍、石林行鞏、橫川如珙等禪師。

他們三位想去拜訪住在天台山國清寺的豐干、寒山、拾得三位隱士，便與虛堂禪師道別。

虛堂禪師於惜別之際，寫了一首：

誰知三隱寂寥中，因話尋盟別鷲峰，
相送當門有修竹，為君葉葉起清風。（《虛堂錄》）

人與人之間的交往，只要清淨無慾，靈心慧性就會與大自然融合，連門前的修竹和綠葉都會興起清風，爲之送別。

安。

融通無礙

做事不經思考，貿然左衝右撞，難免四處碰壁、傷痕累累，如此的人生必定不得平安。

再榮華富貴的人，也難以盡數拋卻痛苦的枷鎖。因此，無障無礙、自由自在的人生，便成為人類期盼的理想。

道元禪師說：

唯將身心盡悉離忘，
投入佛門，
皈依佛祖，不使勁，
並順應著它，
不費心，
脫離生死，即可成佛。（《正法眼藏》）

如此融通無礙、絕對自由的淨土，其實正在所處的當下。

道心眾生

早上坐公車上班，路上看見一隻被車撞死的小狗，鮮血淋漓，心中忍不住誦唸：「南無阿彌陀佛。」周圍的人也都興起惻隱之心，嘆氣不已。

而每一部隨後跟至的車子，也都避免從死狗身上再度輾過，這證明了人人皆有慈悲之心

道心活在一切眾生的心中。人覓求無上菩提，所以有利益眾生之心。

道心眾生。（佛語）

佛祖之心，普存於一切眾生心中，穩實紮根。這種佛心，在看見死狗之際，便自然的流露出來。

人心果然是生而充滿慈悲的。

空手還鄉

出國旅遊時，大多數的人都會購買一些有紀念價值的特產來贈送親友，而人們也都經常會期待著禮物送上門來。

道元禪師在二十四歲時，渡海至中國（宋朝），向天龍山的如淨禪師學得「身心脫落」的方法。當他學成後回到日本，人們都以爲能收到禮物，但道元禪師卻僅說了寥寥幾句話：

山僧所經叢林不多，只等閒會天童先師，當下認得眼橫鼻直，不受人瞞，便空手還鄉，所以一毫無佛法。《永平廣錄》

有心人聽了十分感動，因爲道元禪師並沒有炫耀經卷和知識，只謙卑的宣稱自己一無所有。這種不拘泥於宣言的佛心，確實令人感佩。

有五官的人，才會「覺悟到」自己臉上有這些東西，這種心悟，乃是道元禪師由坐禪和身心脫落中獲得的，其中的道理非常深刻。人經常會刻意裝扮藉以顯耀自己，但只有聽任自然的安排、摒絕物欲，才能達到空靈的境界。

吾心似秋月

院子裡的柿子尚未紅熟。

芒草款擺搖曳，已經通知我們秋天的來臨。

金黃色的稻穗也結實纍纍，豐潤得抬不起頭來。

寒山、拾得這兩位隱士，在秋夜的涼微寒中，仰望皓月，內心一塵不染的說：

吾心

似秋月。（《寒山子詩集》）

秋月如水，散放光芒，萬里無雲，無物遮擋，所以普照大地、遍灑清輝。

人心如果能像這一輪秋月，不爲物欲蒙蔽，以清明無心處世，則煩擾何有哉！

露堂堂

許多人的書桌上，堆滿書籍、雜物，使狹窄的桌面更為侷促。在這樣的空間中工作，人如何能夠思索深奧的人生問題呢？

只有盡量使案頭寬廣，思緒才能伸展，獲得豐碩的思考成果。

淨裸裸，

露堂堂。（《拈評三百則》）

一覽無遺，才能縱觀無礙而有所得。

盡棄己心的妄執，敞開心胸，才能盡汲時光的流水，而無點滴外瀉。

如果萬法顯現，而心靈閉塞，無法體悟生命的眞諦，那就虛度此生了。

結果自然成

人往往為了實現願望而過度工作。

以人的小智努力達成私慾，終究幻滅無相。

用禪的觀點來看，這種慾念雖能達成，但徒然污染身心而已。

達摩大師傳法之偈中，有一段話說：

吾本來茲土，傳法救迷情，

一華開五葉，結果自然成。（《傳燈錄》）

達摩大師自印度東來中國傳揚禪法，盡心解救人心的迷情。

禪道之解開一切迷障，正如一朵花開出五片花瓣一樣，在自然中即可參透人心。

所以，人切忌依賴小聰明、耍心機，應專心致志於只管打坐之中，使生活更安定穩實。

幾片落花隨水去

花開花謝，隨水流散。

花落水流紅，河面上的花瓣，經過水的浸潤，更爲動人，猶如美麗的花船，使人想臥於筏上，順水流去。

落花不與流水抗爭，柔順的隨水東流，所謂：

幾片落花隨水去，
一聲長笛出雲來。（人天眼目）

對汲汲營營奔波勞碌的人來說，人生的目的乃是「萬貫產業總成空」。一味尋求身外之物，而荒疏了人自身擁有的至寶，無論如何都是無法找到安樂之心的。

人生除了爭名奪利之外，還有更美好的天地。但見一片花瓣浮於水面，即能體悟眞道，這樣的心思才是最可貴的。

說時無行路

要徹底完成某件事，對人來說並不容易。

但在禪學中，是不允許不徹底的。

說要徹底說，行要徹底行。禪是主張言行一致的。

行說一如，在禪道中是十分重要的。

雲居禪師曾說：

行時無說路，

說時無行路，

不說不行合行什麼路？（《祖堂集》）

如果說又說得不徹底，行也行得不徹底，那麼，究竟還可以做什麼呢？

在夸夸狂言之前，應徹底先做好某一件事再說。

絕學無爲

珍惜自己過去所學，當然很好，但卻不應太過拘囿，應該超越過去的經驗和學識，拋卻一切我執和妄念，才可更上層樓。

絕學無為閒道人。（《證道歌》）

學佛法必須超越佛法，不執著於一念，才能悠遊於天地之間。最忌炫耀自己的所學，否則就失去了修行的基本意旨。

首先，要拋棄一切形式。

盡去所有知識，智慧之光才會自然發散。人只有一無迷執時，心胸才會開闊，與天地同樣曠達。

本心即具有佛性，若爲所學拘執，實屬可惜！

休裡有道

千言萬語表達的終歸有限。

禪是不用語言，以心傳心，不立文字，感應道交的。如果沒有敏銳的感受性，就很難完成禪的修行。

所謂「休裡」，指的是一切俱在無言之中的意思。

道元禪師曾說過：

休裡有道，

如笑裡有刀。（《正法眼藏》）

無言之中，即有佛道。

沈默而徹底的只管打坐，就能使自己的眞如本性覺醒。

道元禪師鼓勵世人：「初心之辦道，便是現成正覺。」所以若使己心常保清淨，則人生之路將更爲寬廣。

孤輪獨照江上靜

登至峰頂獨坐，仰望星月閃耀，一時之間，恍如身遊太虛。

山中湖泊，波光粼粼，明澈如鏡，眞是人間至美的景象。

道元禪師認爲自然之美，乃禪學中所謂的「本來面目」。

春花秋月夏子規，

冬雪沁人冷冽冽，

波退風偃捨小舟，

夜半月色最宜人。（《傘松道詠》）

人一旦遠離自然的生活，便得不到幸福喜樂，只有放棄利欲之心，投身大自然的眞實清淨之中，才能體悟出人生的至高眞理。

經常出遊，便是接近大自然最直接的方法，亦爲悟禪的不二法門。

秋分

改變心態煩惱就是菩提

白鷗終不染紅塵

日本慶長十四年，即西元一六〇九年時，澤庵宗彭禪師受敕命，擔任大德寺第一百五十三世的住持。當年他年僅三十七歲，人們對他如此年輕便破格升任主持一事，大感驚異。

但澤庵宗彭禪師住山後三日，即擊鼓宣言退出，返回自房的南宗寺繼續修行。聞者皆讚揚他的高風亮節。

住持由敕宣欽定的寺院，稱為紫衣道場，又稱出世道場。臨濟宗的五山，為妙心寺、大德坊、南禪寺、天龍寺、相國寺。曹洞宗的二山則為永平寺和總持寺。這些禪寺的住持，都是朝廷下敕令欽定的。

澤庵宗彭禪師自大德寺退出時，曾說：

白鷗終不染紅塵。（佛語）

此偈是說：為使心志不受污染，情願忍受一切苦難，甚至是敕命亦敢不從。信念堅定可產生頂天立地的勇氣，使人生更見光明。

前後際斷

昨日接續今日、迎接明日，所以一般人應有個觀念，以為昨天沒辦妥的工作，可以留到今天做，甚至拖到明天也無所謂。

道元禪師最恨這種想法，他曾痛陳這是一個極大的錯誤。

昨日是昨日，今日是今日，明日是明日，都是各不相干的。道元禪師說：

應知——薪住薪法位，

有前有後，

雖有前後，

前後際斷。（《正法眼藏》）

一瞬一刻皆是絕對的，前後斷絕而非連續。因此，人要珍惜任何一個瞬間，認眞嚴肅的生活，只有將每個瞬間活得美好，再加以重疊銜接，才能成為具有意義的人生。

當下是時，便有人生，便具前後際斷的寶貴生命。

剎那生滅

世間沒有一個有形物是不生不滅的。無形物更是生滅反覆，動盪不安。有人認爲「人生不滿百」，所以不須太過認眞，在這種頹廢的思想下，常常百年虛度，一生毫無幸福。

不錯，在短促的剎那之間，生滅循環。萬物皆於剎那生，亦皆於剎那死。此即爲「剎那生滅」，人生便是以此剎那連綴而成的。

道元禪師十分重視剎那生滅，他說：

一彈指之間，六十五剎那生滅。（《正法眼藏》）

人生在彈指之間，很可能變化萬千，莫可測度。

所以，有人說：三日不見，面目不能一新者，就不能算是有所精進了。

事實上，只要心靈充實潔淨，面貌姿態就會煥然一新，此即「相由心生」。所以，應時時自問：「三日後的自己面貌將如何呢？」爲了求新、求進步，不斷修行乃是必要的。

坐水月道場

人心常會生出各種意念，以致無所適從。

信服「精誠所至，金石爲開」的道理，躬身力行固然極佳，但若過於執著於成敗，也會導致煩悶苦惱，終無寧日。

月亮映水面，水仍清澄不濁；月兒消失，水亦無波無痕。

若將此心比作水，妄想即是明月。無論妄想如何投影於我心，只要水本身是澄澈的，終不會爲其所干擾。

所以，如能穩定的坐禪於此境界之中，儘管聽到花言巧語，或發生重大事件，如水月道場般的心靈也不會爲其所困，亦即所謂：

坐水月道場。（《洞山雲月錄》）

然而要修行至何種程度，方可坐水月道場呢？這沒有一定的準則，若能善用此心，當下就可眞悟，成就無上佛果。

泰然自若的坐禪，內心無所思慮，便可感受到其中的喜樂。

死中得活

人爲了推卸責任，往往把過失拚命的往別人身上推。如果這樣就能得到心安和快樂，那麼，世間還有什麼煩惱呢？

做人應有承擔重責大任的勇氣與毅力，只要有利於人，即使身死亦在所不惜。這就是「大死」！將以往的成見盡數拋卻，即達寂寞無心的境地，可以無牽無礙的充分蘊釀禪的懾人氣魄。這種氣魄足以震碎心中一切迷假之情。

死中得活。《碧巖錄》

凡事秉持大死一番的心理，就沒有辦不到的事。

逃避危機反而會被危機追逼，還不如掌握危機、善用危機，使之化險爲夷。

歷史告訴我們，背水一戰、死中求活的戰役，通常反能克敵制勝。能領悟人生的平凡與無常最好，但在面臨重大事件時，還須具有壯士斷腕、不畏大死的魄力，才是眞正的勇者。

一心不生

爲了追求遙不可及的事物，人會刻意的向不可能挑戰。

與其好高鶩遠，不如把眼前的事盡力做得完美。

如果日常小事尚不能做好，又怎麼能向從未做過的事挑戰呢？

自不量力的人，難免患得患失，迷惘煩躁，使自己永遠在心緒不寧中度日。

一心不生，

萬法無咎。（《信心銘》）

只要不起此好彼劣的差別心，世間的一切，都是佛性之顯現。

當下是處，即是極樂淨土。在這極樂世界中，無迷惘妄覺，努力實踐自我，就是人生最可貴之事。

以小智沾沾自喜，便無法達觀萬法，自然一事無成。若能盡去差別、得失之心，使一己虛空無執，那麼，佛心所具有的大智慧就會與己心結合，擁有成功的人生。

大死一番

雖然世人無時無刻不在計算得失，衡量輕重，但一切只是枉然，因爲無論是工作或人生，世事瞬間萬變，沒有永遠的定點。

如此變幻莫測的生活，即使如何精打細算，也無法從而得知人生的損益。人唯有持著大死一番的原則，才能自由無礙的使此生更具意義。禪法即是棄絕一切，以無執無欲之心，求得萬法爲終極的目標。

須是大死一番，
卻始得活。（《碧巖錄》）

「大死一番」，即具必死之決心，並以此心毅然投入禪中，以悟取佛道。禪師皆是以自己的修行體驗，來掌握人生「大死一番」的眞理。

日本戰國時代的武將，都熟悉「不畏死即可活，若欲活則會死」的禪理；不但是作戰策略，也實際體悟踐行。

人生不過一次，在一決勝負時若有大死一番的精神，便可產生驚天地、泣鬼神的驚人力量。

自佛

反靜內照，袪除塵垢，認眞修行，即可顯現眞如佛性。

佛教是助人照見自我的修行方法。

佛不存於天，亦不存於地。自己本身就是眞佛。

因此，向外求佛是大錯特錯的，「直視本心、反求佛性」才是至善法要。

道元禪師深深體悟於己之心見佛的經驗，因此訓誡後人：

於他方見自佛，即於佛外見自佛，

佛法雖條條蔓枝，然參學見佛，

弁肯見佛，脫落見佛，

得活見佛，使得見佛，

日面佛見也，月面佛見也。（《正法眼藏》）

意即自己肯定自己，努力修爲，即可見慈悲的眞佛。

泥牛吼月

蝴蝶紛飛於花叢間，此即無心。
如果人也能如此悠遊自在，該有多好？
可惜的是，人總是忙著計算利害得失，無法恬淡知足的過日子。

木馬嘶風，
泥牛吼月。（《空谷集》）

木馬靜立於月光中，微風吹過，如發出嘶嘶馬鳴。
泥牛對月，雄壯威武，好似向月亮聲聲嗥吼。
無論木馬或泥牛，都沒有謀求計較心，只是安心的做一匹泥牛、木馬而已，但縱使如此，牠也同樣悠然處於天地之中。
無心之美，正在此中。

青山白雲

遍野都是紅葉，告訴人秋天的腳步已至人間。
青山矗立於天地之間，白雲掩映，溫柔的環繞山腰。
不動青山與悠遊白雲，形態雖爲兩極，實際性質卻是一樣。
青山白雲父，
白雲青山兒，
白雲終日倚，
青山總不知。《洞山錄》
天地自然之中，沒有一事一物是對立的，全部是和諧而統一的。
人間雖有聚散離合，然也無一對立。
人之所以樹敵，全因私欲而起。心爲妄念所拘，就生自私心，而與他人對立成敵。
欲超越一切，則先去對立心。

有水皆含月

夜幕低垂，游魚靜息。

明月上升，映現水面。偶然看一看握在手中的茶杯，竟也映現著同樣的月影！

有水皆含月，
無山不帶雲。（《禪林類聚》）

並不是只有水才留得住明月。

遙望遠山，爲雲霧環繞，月光透過雲層，使山巒更增靈氣。

大自然沒有計較得失損益，無心的風光卻自在神祕的舒展開來。

人生到底是充滿寶藏，體悟到這點，才能無心的更接近人生的至善至美。

雲遊萍寄

多麼嚮往像一片浮雲般來去自如的人生。

沒有一個確定的目標和時刻表，一個人獨自雲遊四方，完全不受世情牽絆。

如隨風飄動的浮雲一般，爲求佛道，飄泊各處。也像隨水漂流的浮萍一樣，爲了參訪明師而浪跡天涯。禪的面目就在這一切之中。

願佛法哲匠，
訪問合道，
留於雲遊萍寄之真流參學。（《正法眼藏》）

秋日的紅葉，因風飛舞，展露一身秋色。

美麗的情景，令人目不轉睛。

與樹葉渾然一體，己心亦彷佛在濃濃的秋意之中，渾然忘我。

人生其實就像在秋風中飛舞的紅葉一般，無論如何盡力飛旋，最後不過是隨水東流而已。

看腳下

別人的東西看來總是特別吸引人，這種「得不到的最好」的心理，往往使人迷失自我。

將「自己」和「別人」分別爲二，即有不盡合理之處。

圜悟克勤是中國禪僧中相當傑出的一位。

他曾和五祖及法演禪師等人，聚精會神的在山亭中坐禪至三昧定境，至夜深方歸。其時手中燈油已盡，歸途因而一片漆黑。

隨行的兩名弟子應五祖的詢問，將對黑暗的感受用語言表達出來，但皆爲「明暗」所囿，無法透徹解釋清楚，渾然沒有一絲慧心禪性。只有圜悟克勤斷然超越明暗說：

看腳下。（《碧巖錄》）

不錯，在黑暗中只有隨時看著腳下的一顆親切心，才能不受任何拘束的踏出正確的步伐，走到目標。換言之，在黑夜中行進，只要心中有一盞明燈，佛便會永遠照顧你我的腳步。

尋師訪道

如果認爲只有在學校裡才需要讀書求道理，則人生的境界終不可能大開。人的一生就是磨礪人心的最大校園，必須隨時隨刻持續不斷的求學，追隨明師修練人格，方不枉費此生。

禪學最重視尋師訪道。因此，許多僧人雲遊天下，目的乃是爲了尋得明師求取佛道：

此時，尋師訪道，
有梯山航海，
尋導師，求知識，
從天降下也。（《正法眼藏》）

宋朝時，日本的道元禪師遠渡中國，爲尋求明師而遍訪名山，最後終於在天童山遇到如淨禪師，而學得「身心脫落」的眞如禪學。

世間有許多良師，但只有親自造訪諸山，才能找到能幫助你參悟禪法的明師。

妙手無多子

人生之中，並沒有所謂「妙手」。

「妙手」其實是無處可尋的，所以最好拋卻一切企圖、計畫，無心而爲。

「因爲於我無益，所以不做」或是「有利可圖，所以要做」，這種拘泥於私利的判斷，必須完全摒棄。

心如虛空，隨意而行，除此以外，並無妙手。

妙手無多子。（《碧巖錄》）

明白這點，就不致步上歧路了。人生多歧路，能誠心誠意，始可安度此生。

能設身處地，人我一心，凡事均可迎刃而解。

困頓的人生，其實皆因「我執」而起。

寒露

改變心態煩惱就是菩提

古教照心

人生在世，若能以自己選擇的方式來生活，實屬難能可貴。但若因而放任妄為，就會於無明的黑暗中沈淪，終致無法自拔。所以必須熟讀佛祖、高僧的言教，反省自己的所作所為，如有塵污，立即拂拭，盡力使己心清淨無染，近於正道。

這才是使人生幸福的至要法門。

道元禪師以「只管打坐」激勵世人，他並且認為坐禪時應持古教以照見虛靈。

居堂，應究理辨道，似明窗，以古教照心。（《正法眼藏》）

根據記載顯示，承續曹洞禪風的良寬禪師，正是道元禪師的仰慕者，他曾在明窗下誦讀《正法眼藏》，而與道元禪師的禪心相會，一時熱淚汩汩而下，不能自抑。一個人最重要的是，有一本人生之書。

擁有人生的導師和人生之書的人，心中必定充滿幸福。

一大事因緣

人的一生中，最重要的事是什麼呢？

道元禪師在很小的時候，就常常思考這個問題。直到他跟著如淨禪師參禪以後，才知道人生即是修行，即是將生死看透的道場。

斷念生，

斷念死，

為佛家一大事因緣也。（《正法眼藏》）

道元禪師告訴我們，佛家的第一大事是成佛得道和眾生濟渡。並認爲只有參禪學道，才可能達到這一境地。

若要認清人生的眞諦，必須依賴修行來忘卻身心，達到「無我」的境界。如此「修證一等」的只管打坐，就是佛家一大事。

若認清人生本是道場，修行全在人生，就可以全力以赴，精勤不休。

無修無證

一開口動不動就提到「我」的人，心志尚未完全成熟。修行徹底而不留痕跡的人，方爲眞人。這種人即使歷盡滄桑，也不形之於外，是人生中的達人。

人有太多執著和拘泥，就會喘不過氣來。只有棄絕一切迷執，去盡形式上的修行和契證，方可體悟眞實的人生。

無修無證，無得無失，
一切時中，更無別法。《臨濟錄》

口中說要棄絕執著，身體卻仍耽於世俗的牽絆，是大多數人的通病，必須以苦修磨練己心，才能使佛性出現。

最高的境界是：將一切形式造作棄絕。

這是因爲太濃郁的花香，會令聞者窒眩，唯有無味無臭的人生，才能通達無礙。

辦道工夫

人生應努力，莫待白頭時。

世間絕無不勞而獲、坐享其成之事，必須時時刻刻勉勵自己，順應佛道，修練己心，使心靈與佛性相合，才能生活得自由自在。

所謂辦道工夫，就是精通佛道。沒有精進力行，是無法造就的。

道元禪師曾說：

諸人須下，

細審辦道工夫。（《正法眼藏》）

不錯，人往往稍加努力，便自以爲得道開悟，其實人上有人、天外有天，悟者不過千萬分之一。若能效法前人的辦道工夫，才能事半功倍。

細審並學習前輩的修行辦法，並且更精進深入的磨練自己。

辦道工夫必須日新又新，不斷向前邁進，始可接觸佛之光明。

坐禪辦道

學禪的人，愈來愈多，連西方人也不在少數。

但禪道並不是口頭上說說而已，必須專心致力，將身心全部託付佛理。

坐禪辦道，

須證得諸佛自受用三昧。（《正法眼藏》）

意思是：將身心盡付於佛法中，便會生無心之坐禪。而亦唯有心如虛空的坐禪，己心方可與佛合而為一。

人本來就具有佛性，若沒有經過修練，佛性便不會呈現，只有進入坐禪辦道之境，佛才會出現於清淨之心中。

修行與證悟乃一體之兩面，坐即是佛，心即是佛，所以人必須時時修練自己身心。

深雲古寺鐘

走到森林深處，去找尋紅葉。

日落西山，夕暉伴著寧靜的大地，我沿著山徑溪流漫步，身心至爲平和。

漂浮在水面上的片片楓葉，色澤紅豔，彷彿在訴說歲月的故事。

流水寒山路，

深雲古寺鐘。《槐安國語》

如此在山間行行復行行，偶然低頭看錶，才發現時間不過是傍晚左右，因爲山脈重疊，遮陽蔽日，使人誤以爲已經夕暮。

此時，遙遠的山林中，忽然傳來古寺的鐘聲，繚繞耳際。

信步所之，放眼望去，紅葉在湖面上浮沈，似乎也爲鐘聲激盪，好一幅柔美的詩畫。

白雲再度湧現天際，置身此情景中，頓覺人生的幸福和快樂。

不思善，不思惡

五祖弘忍傳衣缽給慧能後，擔憂野心者會謀害他，於是命慧能立即離開，到南方去傳道。袈裟和缽，是傳承禪法的象徵，不是仗恃武力和知性即可得到的。有一位僧人叫慧明的，因自慚形穢，從追奪者的立場，搖身變為謙虛的求道者，並且心無邪念的向慧能誠心求教。

慧能問他：

不思善，不思惡，

心無一念時，何謂自身真面目？（《六祖壇經》）

不思善，不思惡，這不是道德的意識，而是貫通相對認識的境界。相對的認識，必須把一切事物相對在是非、善惡，如要執著一方，一定要拋棄另一方，此二元性對立，會令人產生迷惑，故禪者要爲絕對的認識而生。只有不偏不執的心，才是禪心。

普通人一旦行一善事，便會沾沾自喜，並到處宣揚一己之功德，拘囿於自己的善行。其實，人生中善惡各半，切勿爲善惡所囿，只要我心澄淨，則善自來也。

以心傳心

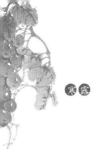

把道理講授給別人聽，實在是很困難的一件事。

如果對方知識層次太差，則不論如何解釋，也是白費口舌。

所以，禪學主張以心傳心，不以文字語言作爲說明。

法以心傳心，

當下自悟。（《六祖壇經》）

重要的是不落言詮，則可自悟自得。

習禪者若能善用我心，與老師的心意相通，當下即可證悟。

最忌在心中生出我慾，而以批判性的態度去強作解人。

不囿成見，不拘執於自解，方可達到以心傳心之境。

去來

人生苦短，似乎才出生，卻又匆匆謝世。

人無論一生何等尊榮，不過百年光陰，所以，達者皆願如浮雲般無所拘執，來去悠悠，安度人生。

日本天保元年，即西元一八三〇年的臘月，良寬禪師突然臥病在床。他的弟子貞心尼寸步不離的在病榻旁伺候。但良寬禪師的病情卻日益嚴重，貞心尼內心傷悲，忍不住寫了一首古詩，來抒發對禪師的難捨之情：「生死之境欲別離，卻有哀心嘆永訣。」

良寬禪師聽到這首詩，立即寫下：

瞻前顧後仔細看，

依然飄零一紅葉。（《永平廣錄》）

人生不過就像一片樹葉，生養滋榮之後，飄零離枝，完全符合大自然的旨意。良寬禪師的禪風確實令人敬仰，七十四歲的生涯開啓無限智慧，他已達到來去自如、了無牽掛的境界。能對人生如此達觀，不愧爲一代名僧。

弄花香滿衣

一般人總認爲先有自己，才有他物，這是錯誤的觀念，禪學之精神乃在「物我合一」。將物我分開爲二者，其修道涵養尚差之遠矣。

于良史所寫的〈青山夜月〉這首詩中，便徹底的表現出自我和他物合一的精神，所謂：

掬水月在手，
弄花香滿衣。（《全唐詩》）

這首詩也記載在《虛堂錄》中，可見禪界亦肯定他已適切的表達出了禪的深刻悟境。以雙手掬起澗水，皓皓明月便存於掌中，若水是自己，明月、水和己心即渾然一體了。

品聞花香，撩弄花影，花亦與心合而爲一，再不可分。

因此，切勿以對立的心態去看事物，否則就無法進入光明眞性的禪境了。

遊戲三昧

有些人在遊戲時惦記工作，在工作時又很想遊戲，沒有把任何一件事做得徹底，短促的一生，就此消耗殆盡。

其實，工作的時候工作，遊戲的時候遊戲，毫不分心，才可以創造出眞正的人生。

於生死岸頭，得大自在，
向六道四生中，遊戲三昧。（《無門關》）

人生之舵，難以掌握，有時感到前途茫茫，有時更覺得所有事物皆與自己的心意背道而馳。

其實，此刻此地，正是徹底斷絕妄執，使心成虛空、一心向道的時候。

不管如何深謀遠慮，人生皆不可能盡如人意，只要拋下妄念，把握此時此刻的美好人生，即是妙算。

霜葉紅於二月花

紅葉使大自然更爲明麗。

在旅途中小睡之後醒來，睡眼惺忪之間，望見車窗外的紅葉，恍惚是在夢境中悠遊。

紅葉眞是美得令人窒息！

停車坐愛楓林晚，
霜葉紅於二月花。（《樊川文集》）

詩人妙筆寫詩境，試想，如能下車遊訪楓林，坐在紛紛下墜的紅葉之中，那該是何等美妙的一景！

現代人將所有的熱情全部貫注在科學中，希望能征服大自然，然而，人力能夠造就一片小小紅葉嗎？比二月花更紅的霜葉，美得令人心驚！

此心悠然，一如紅葉，這也許就是禪的境界了！

一缽千家飯

沿門衣缽，挨戶乞食，眞是艱難苦修。除非身歷其境，否則難以想像此中具有多少德惠！在自然中，要做到「一缽千家飯」的境界，是很不容易的。

一缽千家飯，
孤身萬里遊。（《五燈會元》）

日本的良寬禪師，雖身爲名僧，猶以托缽乞食終其一生，若非本心具備美德，是絕不可能做到的。

在一個飯缽中盛入千家飯，而悠然行腳雲遊天涯，其實是最自在幸福的人生。

摒棄名利、地位、財富，雲遊天地之間，才是釋尊的眞傳弟子。

動不如靜

現代的人一天到晚埋怨生活忙碌，卻仍心甘情願的在虛名浮利中奔波。

爲什麼不能偶爾心平氣和的仰望明月、觀賞星星，品玩大自然中的一切呢？

因欲念而奔忙，不如靜心坐禪。此所以藥山和尚並不隨意登堂說法的緣故。

藥山久不陞座。《從容錄》

不錯，一動不如一靜，回首勞碌繁忙的歲月，是否凡事都隨心所願呢？驀然回首，看見的只是自己的庸庸碌碌和執著。

大部分人的寶貴光陰，泰半在無謂的應酬中丟逝，實在可惜！

回首深省，才能憬悟靜坐是何等的重要。

隻手音聲

越是博學多聞的人，越會被知識束縛本性，以致無法動彈而深感痛苦。很平常的事物若添加某些注解或道理，往往弄得複雜起來，讓人無所適從。

白隱禪師超越了常識和理論，以生活在超分別的世界中爲樂事。他曾說：

兩掌相擊有音聲，

隻手有何音聲？（《白隱語錄》）

意思是：雙手合拍能發出「拍」的響聲，但一隻手是不是也會有聲音呢？

按常理判斷，單手是根本發不出響聲來的。

但禪是超越常識的，可以確實的掌握單手發出的雷鳴巨響。因爲沈默並非無聲，它仍具有眞實的聲音，只因音階不同，一般人不易聽見罷了。凡人是無法感受到無聲的境界的，除非高德如白隱禪師。

霜降

改變心態煩惱就是菩提

江月照，松風吹

秋意日益深濃。

秋月漸滿，把銀色的光華遍灑大地，使人間更添幽趣。

松風拂來，與秋蟲合鳴，使秋的感覺更深。

靜觀周遭景致，內心真是感謝萬物皆是佛之造化。

江月照，松風吹，

永夜清宵何所為。《證道歌》

天地之間莫不是佛的法相，人力實在無可比擬。

人連一方半寸的土地都無法創造，以如此卑微的個體，若是不自量力，以爲可以與自然對立，勢必永遠無法看見宇宙全貌，更不必說要砥勵己心了。

人只是天地自然間的一分子而已，唯有與萬物取得和諧並存，人才有所謂「獨立」和真實的生命。

夢幻

日本有一種「遺書寫法講習會」，據說每次的會場內座無虛席。這些人究竟是對人生抱著何種態度呢？他們那一代的人，幼時辛勞困頓，吃不飽穿不暖，因此，成年後汲汲於名利，希望求得地位財富，而即使已將走到人生盡頭，仍執著於浮名虛利中，甚至面臨死亡，也仍堅持相信一切主權在我！

生而為人，卻一味貪求仕路官進，
徒然供國王大臣差遣，
一生繚繞夢幻，後世趨於黑暗，
根本未有依恃處。（《正法眼藏》）

須知人生能「身心脫落」才有快樂幸福，不幸的人才貪求名利，使身心沾滿污垢。名利財富本是空，只有在夢中才會「存在」。

人爲什麼總是不明白，自己的生命並非全然是由自己操縱的事實呢？

孤峰雲散千溪月

生命中的煩惱好比浮雲。

方才飄逝，立時再度掩至，纏結心頭，困擾周身。

揮之不去，正是惱人心事。

孤峰雲散千溪月。（《槐安國語》）

孤峰聳立天際，雲消霧散，明月普照溪谷。其寓意是：

揮卻煩惱是人生至要之事，應似孤峰，超然聳立，則雲層不拂自散。

人如果困於紅塵心事，一生無所超脫、煩惱集結，實在可悲！

應淬勵磨練，超然世俗，心靈常保清淨，才不致爲外事外物所污染。

無言絕聖凡

有些人心中的意念尚無頭緒，話就已經脫口而出。
邊想邊講，這種人說的話勢必毫無內容，只會使聽者感到無聊不耐而已。
多話的人多半不會對自己說過的話負責，只是用言語來填補一時的空白而已。
只有超越分別判斷，達到無礙自在的境界，才可塑造出完美的人格，多言無益。

無言絕聖凡。（《從容錄》）

無慾無執的人，雖然不發一言，只要面露微笑，也是人們所樂意接近的。
人類因心而活動，若心靈閉塞，即使嘴上說得甜言蜜語，也難讓人感動。
無論凡聖，皆因心而動，言語只是拘囿的明證罷了。

紅葉染秋霜

雲遊四方，忽至遍山紅葉之境。放眼望去，大地如一片紅毯，溫柔美麗。秋霜將葉染紅，片片紅葉隨風而下，踩著這樣一張紅毯前行，直覺秋意深濃。秋是最善解人意的季節，在秋霜紅葉之中，也最能悟透世情。

紅葉染秋霜，
青苗滋春雨。《便蒙類編》

禪，無主客之分，而視賓主一如。

任何人都認為是秋霜染紅秋葉，禪者卻反其說，曰：秋霜為紅葉所染。這兩者之中，沒有賓主之分，是更上層樓的體悟。

以無心而言，眼前既無紅葉亦無秋霜，紅葉和秋霜不過是一樣令秋意更濃罷了。

欣賞紅葉時，頓悟人與紅葉一如，是同為此生而來的。

空華萬行

水中月影，若有似無，正是因緣自在的法相。明月無所牽掛的綻放光華，清流亦毫無矯飾的反映月影，此即無心的道場。人心也應該像處在水月道場中一般，與外物契合如一。

坐水月道場，
修空華萬行。《洞山錄》

在寂靜的水月道場中，一個人坐禪修道。在這一刻，世間的一切佛法皆顯現，而與己心合成一體。此時心虛如無，且在空寂之中，修行不執著於空無之空。要努力使自己修練至無囿於空的空無境界，也要使自己盡量達到無囿於修行的修行層次。

在這樣的禪悟之中，即有「萬行」。

大自在三昧

與通達無執的人在一起，我們的心胸也會豁然開朗。

人與人相處，很容易受對方的心性人格影響，這就是所謂的「近朱者赤，近墨者黑」。

因此，若有幸遇到寬宏慈悲之人，大可稱他為師。

因為在自在無礙的境界中，深藏著明師曠達之心。

大自在三昧。（《禪苑蒙求》）

專心坐禪。

內心無牽無掛，就是心中無迷無執的大自在三昧。倘能以此心努力修行，就能昂道大步暢行於人生的大道上。

人際關係實錯綜複雜，要消除人我之爭，自己必須先去除迷假之情，然後方見安寧清淨的人生。

眼橫鼻直

一般人在判斷事物時，總會透過一副有色眼鏡來妄下定論。同時，也用類似動物嗅覺般的直覺，來衡量日常生活中的是是非非。禪卻卸除眼鏡，去盡直覺，不做任何有關損益的判斷。以自然的態度，接納天地間的一切，不用天平來衡量得失。

當下認得眼橫鼻直，
不受人瞞。（《永平廣錄》）

日本道元禪師在中國宋朝時西渡，向天童如淨禪師參禪，將以前種種成見全部推翻，終成一代高僧。

道元禪師悟道後，在深山中繼續求禪，將可能接近天子的機會拋棄，不近權勢，不沽名釣譽，眞是得道禪人。

眼睛是橫的，鼻子是直的，此爲理所當然之事，但很少人能夠有此自覺。道元禪師能因自見而不受人瞞，確實是經過一番修練的。

空山啼野猿

秋意漸深。

秋是感物懷人的季節。來到郊野，無意間，望見枯樹上棲息著一隻不知名的小鳥，凝然不動，狀至落寞。

古木鳴寒鳥，
空山啼野猿。（唐詩）

無風的森林中，一片寂靜，清幽中帶點寂寥，特別適宜獨坐，來體悟林中的森羅萬象。

雖是寂靜不動的深山，亦時時傳來野猿的啼聲，使秋天的山中更增淒淒秋意。

人並非四海飄泊才能感悟人生，有時只要在居家近處眺望遠山，或撿拾一枚紅葉，在樹下思考人生，便可頓悟天地中所蘊藏的玄理。

大自然能洗滌工作的疲倦與煩悶，因爲大地之母具有深厚寬廣的愛心，隨時都肯敞開胸懷擁抱我們。

八面玲瓏

將自己的一切全部皈依我佛，完全與佛合而爲一，使剛強的自我絲毫不外露。

如此，只要心懷若谷，確實棄絕一切企圖、謀求的念頭，便能與佛同行，展開寬闊美好的人生。

若是明眼人，
照天照地，底有手腳，
直下八面玲瓏。（《碧巖錄》）

人生的苦痛其實皆出於私慾，因爲慾望無窮，所以人生的苦痛不斷。

必須拋卻一切我慾，必須拋卻一切我執。

將身心全部託付於佛理，則一切苦惱不生，進而擁有八面玲瓏的人生。

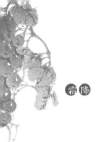

受身捨身

生命是由無數的因緣，累積了漫長歲月之後才形成的，以或然率來看，人能生存在世上的機率，實在小得可憐。

若非有無限的因緣際會重疊，便沒有眼下這個現實的人生。所以生命確是滄海一粟，極爲渺小，又是極爲珍奇的。

佛學之修行，認爲人的生命並非爲一己所有，此世受生，亦應在此世爲他人捨身。

若常學布施時，
受身捨身，皆布施也。（《正法眼藏》）

道元禪師此話，是徹底將人生看作布施。

生命並非我所有，我之生命乃由父母生而受身，故亦應以爲人謀福利作爲生活宗旨。

以自己的生命布施世間，爲他人服務，向菩薩的捨心捨身看齊。

能將一己的人生布施給他人者，可謂聖人。

昨夜一聲雁

秋的氣息漸漸濃厚。

秋風拂人，肌膚頓爽，炎夏的酷熱一下子全無蹤跡。

時值子夜，一人獨望明月，忽見野雁在空中鳴叫，倏爾飛過天邊。

昨夜一聲雁，

清風萬里秋。《詩人玉屑》

野雁北行，秋意即至。

金黃色的稻穗，帶給人們豐收之感。果樹枝頭亦是結實纍纍，令人低首感恩。

人生中的秋季或許充塞著幾分孤寂，但也不妨心存感謝秋風之心，是它將收穫的消息傳送人間。

清風萬里的秋日，正是體悟人生的好季節。

不昧因果

人多半自以爲是，對於他人的所作所爲卻不以爲然，甚至站在對立的立場。

遂問：

大修行底人，

還落因果也無？

師云：

不昧因果。（《無門關》）

世間萬事皆由因果而生，無論是直接或間接，皆交纏於肉眼看不見的地方，在冥冥之中，使此時此刻的自己和萬物結緣。

但凡事雖由因果所生，卻不應爲其所惑，虛心的將身心委之因果而不執迷，才能不囿於因果。

一切處光明

晨光普照大地，喚醒了天地間酣睡的一切有情無情事物。

試想，除了我佛之外，還有誰能擁有如此驚人的力量？

紅霞滿天，白雲飛騰，此刻正是光明的仙境。

曙光初霞，佛光普照，黎明的情景，像是充滿了佛境的證悟。此時此刻，人會深刻的感覺到世上萬物，全是由佛的光明所現成、所觀照的恩典。

一切處光明。（《碧巖錄》）

而當夜晚時分，皓月懸於中天。浮雲和明月輕輕會合而後交錯，銀色月光再度普照大地。月色下，依稀可見芒草隨風搖擺，無限生機。

松樹梢也被染成銀白色，使樹葉筋脈比白天在陽光照射之下更見鮮活。

感念佛的光明，將萬物照耀得如此美好，使人生更具意義。

言語道斷

人往往被語言捆綁而不自知。

一抓住別人的語病，就大肆批評，導致在大家相處時氣氛極爲不愉快。

跟這種人交談眞是如坐針氈，令人窒息。

言語道斷，

非去來今。（《信心銘》）

禪以快刀道斷語言。

不藉語言傳意，也不假語言教法。

禪學的傳承，貴在以心徹悟，因爲沒有任何一種語言能充分傳達禪悟的境界。禪師的眼神、肌膚的光澤，以及其人格所發散出來的佛光，皆非語言所能形容。

如果拘執於語言，就無法眞實呈現本性。

立冬

改變心態煩惱就是菩提

大哉心乎

日本臨濟宗鼻祖榮西禪師曾說：

大哉心乎，天之高不可極也，

而心乎出天之上。（《興禪護國論・序》）

大哉心乎的「心」，並不是一般人所謂的心，而是感情的心之下，宗教上無意識的本質之心。通常禪者對心有兩種解釋，一是感情的心，一是本質的心。這個心就是在宗教上、無意識之下佛的生命，不論在何時何地都普遍永生，並且超越時空。因此，榮西禪師認為：「天之高，可至無窮無盡，但心則超越這極高的天。」他又說：「地厚不可測，而心還在地之下。」這表示了空間的無限性，更可進一步說是：「心，超出了日月光明之外。」這又指明了時間的無限性。

超出時空的絕對之心，禪者稱之為：「第一義，般若實相，正法眼藏，涅槃妙心。」感情的心經常流動不可依託，但其中卻蘊含本質的心，故兩者間亦不可區別。若能使這兩種心相互調和，驅使平靜，兩心自會互相啓發而融會貫通。

雪後始知松柏操

松柏在晴和的天氣中無法表現情操，一旦下霜落雪，即可展現其堅毅不拔的精神。故言：

事難方見丈夫心，
雪後始知松柏操。（《虛堂錄》）

人亦相同，唯有遇上困難時，才會發揮潛力。其實，在沒有風雪的時候，松柏仍然具有耐力；人在萬事亨通之際，亦有排解萬難的能力。有自知之明，方能成爲人上人。

「八風吹不動天邊日」，這句話的意思也一樣。八風是使人心受到動搖的八種障礙：利、衰、毀、稱、譏、苦、樂、譽。

能不被這八大障礙所困，而具有松柏般情操的人，無論處身任何環境，都會受人尊重。

無事

一般人所謂的「無事」，是指沒有什麼事。但在禪學中所謂「無事」，必須是身心均無罣礙，不爲外物所制，方稱得上「無事」。

人若爲名利私慾所迷執，眞我就會迷失方向。

但銷融表裡，
情盡都無依執，
是為無事人。（《傳心法要》）

超越妄念執著，讓自己做自己的主人。

心有慾念，便不是「無事」，必須將萬緣放下，無所住心，才是眞正的「無事」。

自由自在

一個家財萬貫的患者對醫生說：「只要能把病治好，再高的醫藥費都無所謂。」雖說如此，醫生仍是面有難色。有錢並不能換取生命，或使病魔妥協。沒有人喜歡與病魔為伍，世人以為有錢能使鬼推磨，凡事百依百順，事實並非如此，否則便是自找死路。

不為生死所惑，自在無礙的進入身心脫落之境，才可與長住其中的眞禪相會。若得真正見解，生死不染，去住自由。《臨濟錄》

人必須坦誠面對人生，是怎樣的生命，就怎樣去承受應對。無心無欲，此生才能平靜喜樂的度過。

世間本無可執之事，眞知灼見，身心自在，才能看破人生的無常。生命的意義極為重要，盡心修練的佛心，方能生死不染，去住自由。

迷時三界有

人一旦執迷於妄念，便如野馬脫韁，不知有止境。

由妄念生妄想，因疑心生暗鬼，往往令人深受困擾。最後甚至因「相由心生」，竟然連外貌也變了樣。

究竟迷惑存在何處呢？其實，一切均因心所生之妄想而成。被無實體的形物所擺布而枉過一生，實在是無比冤枉的。

迷時三界有，
悟後十方空。（《從容錄》）

由上可知，一切皆因執迷誤人，如能當下截斷，即可達空之化境。

以無慮之心生活，萬物眾生皆與己渾然一體，心境從此自在清明。因此，唯有以不受拘束的自然心過日子，方能得到真正快樂的生活。

佛向上事

人生即是修行之道場。

每日都要努力修行，使己心虛空，才能顯現出佛性的光輝。修行的目標雖然遙遠，但日復一日，每邁出一步，便有進一步的喜悅。

無論何時，若體悟到任運自在的經驗，就要持續修行。

師時云：

體得佛向上事，

方有些子話語分。《洞山錄》

唯有體悟超越佛心的自在之境，方能來去悠然，暢所欲言。

但也不必多言，因爲境界已高，多言無用，以心傳心，便可傳承千言萬語。學禪者必須承傳老師之全部人格及生活，並徹底修行，達超越老師的眞工夫。

禪毋須言語。

常使此心虛空，收納無妄無執的每一瞬頓悟，生命就會充滿感恩。

輪迴生死

人們深信生死輪迴的說法。

並且認爲再生時，苦惱塵勞仍會再度反覆，使人終無平安之日。所以，印度人就將骨灰棄於恆河之中，認爲如此即可結束輪迴轉生。

在三界六道的迷境當中之苦，眾生正如車輪般輾轉重複著生與死，永無休止之日。

因此，人生是痛苦的：

眾生雖本有佛性，
而無始無明覆之不見，
故輪迴生死。（《禪源諸詮集．都序》）

欲生不得生，欲死不能死，是極爲無奈的痛苦，但靠自己卻無法得到解脫。

只有拂淨塵埃，還我佛心，才能免除萬般煩惱，在淨土中生活。

壽

人最期望的，莫過於長命百歲。

但長壽必須以健康的身心爲首要條件，而且要活得有價值、快樂、超然、有意義，這樣才不算虛度此生。

白隱慧鶴禪師應人們的要求，寫了許多「壽」字送人，並且附帶寫上自創的養生健康法：

長生之道，首在
睡得好、起得早、喜潔淨，
應節制飲食。（《白隱慧鶴語錄》）

白隱眞不愧是一個人生的達者，訓示既簡捷明瞭，聞者也不難確切實行。如果能恪遵此一原則，無心無慾，心平氣和，自可悠然度日，擁有長壽的人生。

所以人切勿心存貪慾，使身心俱疲而不得善終。

即心即佛

在傅翕所寫的《心王銘》裡說，禪者是「即心即佛，即佛即心」的，不必於外求佛，而要反求內心。

根據此說，馬祖道一禪師常教誨門人：

要相信自心是佛，此心即佛心，
相信自心是佛，是心即是佛。（《無門關》）

馬祖的弟子法常，正是因爲老師的一句「即心是佛」而大徹大悟的。

法常一生隱居大梅山，「即心是佛」這句話，彷彿超越內心深處所發出的無聲之音，變成語言，進而影響了他的一生。後來馬祖禪師曾派人去試探他：「法常，你領悟了『即心是佛』，但老師最近又說了『非心非佛』。」

法常聽了不爲所動，只回答：「別的我不管，我仍是『即心是佛』。」馬祖聽了之後，告訴來人說：「梅子成熟了。」他的意思是法常所悟的道愈來愈高了。全然信任、穩若泰山的態度，實是學禪的不二法門。

諸行無常

權勢名位，都是轉眼無形之物。

佛教的三大支柱是：

諸行無常，

諸法無我，

涅槃寂靜。

森羅萬象的一切，沒有一種是恒常不變的，總是瞬息萬變，此生彼滅，所謂：

諸行無常，是生滅法，

生滅滅已，寂滅為樂。（《小乘涅槃經》）

人生變動不居，想完全保持相同的歲月，是完全不可能的。

必須以變化爲前提，以不變來應萬變，才能掌握人生。

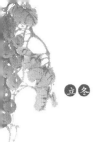

本來空寂

生在世間，又離開世間。

在生與死的關鍵上，地位、名譽和財富都是不具任何意義的。生不帶來，死不帶去，人都是赤裸裸的過渡生死，沒有一個人能夠例外。

都無所有，

本來空寂，

無非今始。（《禪源諸詮集．都序》）

生死無常，人都不能免於這種宿命。

一切本來空寂，連最寶貴的生命也不是自己所能掌握的，如此，又何必執著什麼呢？

唯有徹悟人生的空寂，才有空隙讓佛光注入心靈之中。

本來無一物

先要了悟「萬物皆空」，才能體會「本來無一物」的崇高境界。

六祖慧能禪師本來目不識丁。然而，在他體悟神秀所寫的偈後，竟然仿照其偈韻，將自己對禪的體悟口誦出來：

菩提本無樹，
明鏡亦非台，
本來無一物，
何處惹塵埃。（《六祖壇經》）

一般具有學識涵養的人，往往會咬文嚼字、堆砌辭藻，但參禪的人，若悟得本來無一物，則雕飾文字又有何意義呢？

六祖慧能一針見血的觸及禪的本質。如果我輩能以本來無一物的觀念處世，則事無執迷，定可達到禪的空無境界。

應無所住而生其心

每天早晨，應在漱洗時也將拘執之心一起洗淨。

然後，才開始一天美好的生活。萬物流轉，而無所住，若因利慾之心而大受拘囿，則人生的痛苦將一日甚於一日。

六祖慧能禪師本來是賣薪柴的小販，有一天，忽然聽到「應無所住而生其心」的誦經聲，心靈突然開悟。

當他獲知這爲《金剛經》中的一節時，便虛心的向五祖弘忍禪師請益禪學。

應無所住而生其心。（《金剛經》）

意思是：此心不應停留於任何一處，而應自在悠遊才對，所以人每天都應該自我檢討一下。

不應拘於小局而失卻大局。心無迷執，即可看清大局，此時小局自可迎刃而解。心靈貴自在，如此則天地與己可成一體，而心無罣礙，無罣礙而能無有恐怖。

應須觀知足

人的物欲極爲強烈，即使用不到的東西，也喜歡大量選購，收藏庫存，說穿了只是佔有慾作祟而已。如何物盡其用、人盡其才呢？這些人通常從未想過這個問題。只有能確實明瞭一己的身分地位，知足常樂者，才能掙脫物欲的捆綁，而成爲人生的達者。

世間一切苦惱皆由欲念而生，欲念皆因不知足而起。在禪道的修行上，就是以知足的心態爲第一法門：

若欲脫諸苦惱，
應須觀知足。《遺教經》

一旦心生欲念，就很難抑制，一欲平息、新欲再起，人生永無寧日。生命的主角是自己，不是妄想欲念，所以人應有知足常樂之心，以免欲念聚生。

夢幻空華

爲了升官發財，許多人不惜出賣尊嚴，趨炎附勢，以圖謀大好前程。這樣的人生，往往只是虛耗光陰，一旦「是非成敗轉頭空」，又該附著何處以爲依歸呢？

須知萬緣原爲夢幻。

道元禪師曾喝道：

名利，勿學

夢幻空華。（《正法眼藏》）

追求名利，攀龍附鳳，由此得到的一切既非自己本有，最後仍然是隻手空空。必須以心眼確實觀照萬象，切莫依恃他人權勢，或寄託夢想於過眼繁華之中，否則人生轉瞬即過，夢幻空華，終成虛無。

小雪

改變心態煩惱就是菩提

常行一直心

皇天不負苦心人，只要誠心誠意、全力以赴，再困難的事也能成功。反之，若自作聰明、偷工減料，使人生如品管不良的工程，那麼，最後勢必會導致倒塌的結果。

常行一直心。（《六祖壇經》）

再小的事物，也要以直心全力去做。

凡事皆敷衍了事，必定一無所獲。人應該在行住坐臥、吃飯漱洗時，都謹慎整飾，使自己神清氣爽，也應該時時記得面帶笑容。

太計較於謀求私利，誠意便消失無蹤，只有超越這一切，才能以無心悟道。

眞空不空

《般若心經》裡有兩句話：

色即是空，空即是色。（《般若心經》）

「色」是指物質的現象，即沒有實體的「空」。人所見之萬物實體之所以是空，乃因爲萬物只是各種要素的因緣際會，這些要素若因某種理由而分散，則一切皆空。所以歸結來說，存在亦即是空。

可是，人很難徹悟，不是偏向「空」，就是偏向「色」。偏向「空」成爲虛無主義；偏向「色」成爲現象主義。其實，不偏不倚才是「眞空」，此「眞空」並非一無所有，而是：

真空不空。（《菜根譚》）

人偏執於原本即非實體的物質現象，實是自尋煩惱。而硬把自己侷限在無常之處，拋棄欲望，亦是煩惱。所以佛教有所謂的「中道」，中道即「近道」，亦即信服眞理即是「中道」。

殺人刀活人劍

禪學的老師，總是自由自在的教他們的弟子。

一成不變的教育方式，是無法教導徒弟參悟禪機的。

因此，所謂「殺人刀活人劍」，並非望文生義的眞要把弟子給殺了。

《碧巖錄》中有一段話說：

便須以自由自在，
展啐啄機，
用殺活之劍。（《碧巖錄》）

「殺人刀」是說要將習禪者的思慮，完全否定來加以指導；「活人劍」則是任由修禪者己身下工夫，再加以指導。

禪道即是展開「活」、「殺」自由自在的教導。

生死事大

在人生的旅程上，最大的課題爲生死的掌握。

糊裡糊塗過日子的人，一生必無所成就，錯失生命中最重要的每一瞬，以致雖生猶死。

明瞭生死，並超越輪迴生死，是禪者修行的最主要功課。

世人生死事大，汝等門人，
終日供養，只求福田，
不求出離生死苦海。（《六祖壇經》）

這是五祖弘忍禪師教化弟子的名句。可見即使是在五祖的道場中修行的僧人，也都以尋求能安樂生活的福田爲目標，並不追求脫離根本上最重要的生死苦海。

由此可見，人心所懷的迷妄之情，已經達到令人害怕的程度。

斷臂

一般人好不容易下定決心，但不到半日光景，決心就開始動搖了，想來實在可悲。

禪宗二祖慧可，具有驚人的氣魄，爲了學禪，寧願斷臂——

十二月初十上堂，

舉二祖立雪斷臂云。（《永平廣錄》）

二祖慧可爲了向面壁坐禪的達摩大師習禪，毅然在寒雪中斬斷自己的手臂，來表明自己學禪的堅定心志。這個故事使道元禪師非常感動，因此於十二月初十以二祖斷臂之故事說法。

試想：一個人切斷自己的肘臂，眼見汩汩鮮血染紅冰雪，卻能平靜的舉起斷臂，向老師祈求入門學道，此心確可驚動天地。

像這樣能立定目標，毫無所懼的堅決實踐者，實不多見。我們應時時以二祖斷臂的故事，激勵自己求道的決心。

面壁九年

禪學是達摩大師自印度東來，在河南省嵩山別峰少室山少林寺中，面壁九年悟得的心法。

無論颳風下雪、烈日或寒風，達摩大師始終不發一語，面壁坐禪，尋思眞理。

直過少林，面壁九年。（《碧巖錄》）

這句話是勉勵立志修禪者的名言。

二祖神光慧可，曾經在白雪紛飛的冬天，向達摩大師習禪。但達摩因其不具誠心而不予理會，於是，二祖神光便在寒冷的雪夜中，以利刃斬下手臂，獻給大師，表示求道的決心，終於感動大師，准他歸入門下。

慧可禪師當年不過四十歲，而達摩大師已高齡一百四十歲，據說他曾跟隨大師參禪學道約六年或九年。禪不立文字，教外別傳。弟子只有專心致力的追隨，方可承續師父的全部精髓。

微風吹幽松

人若想要得到心靈的安靜，最好的去處是「寒山」。

欲得安身處，寒山可長保；
微風吹幽松，近聽聲愈好。（寒山詩）

所謂「寒山」，是地名也是人名，詩僧寒山子隱居於寒山悟道，故以之比喻脫離塵障的心。

一提到「山」，往往使人聯想到清涼的綠蔭，但卻被「寒」字給完全否定了，空空的「寒山」，卻可以體會「微風吹幽松」的妙處。

人愈接近幽松，愈能把自己和微風結合爲一，也就是聽的人和被聽的天籟，主體和客體融合無間。然而松還是松，我還是我，松和我仍是兩種個體，並沒有眞的成爲一物。

東方人所以能感受到相互對立而不相悖的境界，乃是因爲能放開固執的「自我」之心，我執之心若能放卻，立時可以領悟到「幽」的奧秘。

先度一切衆生

有位女子因飛機失事而墜入冰河，正當即將溺斃之時，一名男子毫不猶豫的和衣躍入水中，無視於冰河的寒冷。最後他雖救起了那名女子，自己卻因筋疲力盡而被河水沖去。

電視上播映這一段感人的故事，使人爲人性的光輝潸然淚下。在自己尚未成佛之前，以先度一切眾生爲理想，不顧一己的利害拯救別人，這種正義行爲，就是慈悲的佛行。

眾生界，不論有邊無邊，皆起先度一切眾生之心。（《正法眼藏》）

道元禪師誓願解救眾生一切苦相，使眾生在己之前先度彼岸。

有些不了解禪法宏願的人，常批判禪者只求自救，其實這種說法是錯誤的。先度一切眾生再度自己，是禪心的本質。只求自己安樂，不可能得到眞正的幸福，唯有眾生幸福，一己的福慧才可顯現。

發菩提心

一個人發下宏願，並身體力行時，最爲可貴。

反之，儘管有善心行事，但卻無堅定的毅力，信誓旦旦也是枉然。自我策勵，勉力而爲是十分重要的，必須勇往直前，才能不斷精進。

禪的生活是：棄絕私慾，徹底打坐，思索無常的道理。

然一向專求無上菩提，
精進不退，
故名曰：發菩提心。（《永平廣錄》）

道元禪師將人生的一切，皆匯注於「身心脫落」的論點上。他立志以「自未得度先度他」爲法則生活了一世，此即所謂的「發菩提心」。

雖在短短一瞬間，只要身心一致，便可發無上菩提心，而成至精的禪理。禪存在於發菩提心之處。

非心非佛

有一僧問馬祖：「佛爲何物？」

馬祖答：非心非佛。（《無門關》）

這和他說過的「即心即佛」、「即心是佛」似乎互相矛盾。「即心即佛」和「即心是佛」是知識能理解的範圍，「非心非佛」則超越理論和知識的領域，非輕易所能領略。

永恆的生命毋須遠求，馬祖指示了「即心即佛」，就是在本心之內。但也不能永遠停留在一個地方，必須不拘泥於不能拘泥之事，否定之後再否定的了悟「非心非佛」。大梅山的法常似乎是固執的墨守著「即心是佛」的道理，但是對他而言，「即心即佛」即「非心非佛」，「非心非佛」亦「即心是佛」。後人曾經把「即心即佛」解釋爲「無病求藥、非心非佛、以藥治病」，意義更爲深遠。

人可成佛，亦可能一生皆爲凡夫俗子，人的存在確是不可思議。禪者之所以重視「坐禪」正因如此。何爲「即心是佛」？何爲「非心非佛」？只有深入體會，才能了解眞義。

明明祖師意

寒梅在冰雪中仍然堅忍的吐露芬芳。鳥雀啁啾，依舊在雪泥上留下爪痕。所有的事物，都因生命的存在而有豐盛的演出，人生確是極其美好的！龐居士曾問靈照尼：

「古人道：『明明百草頭，明明祖師意』，這是什麼意思呢？」

身在佛道中的靈照尼不假思索，立即回答：

明明百草頭，

明明祖師意。（《龐居士語錄》）

此時，靈照尼已領會祖師之意，成為自己的體驗，再由這份感悟，發而為同樣的一句話，而龐居士亦完全了解他的意思，兩心投契，在佛道中俱感充實而滿足。

所以跟隨祖師修行，還要加上自己的悟心，否則即使費心體驗，仍舊無法參悟禪理。

至道無難

一般人都認為求佛之道，必須拋棄現有的生活，過著與常人截然不同的日子。事實上這是完全錯誤的。

佛道隱身在日常生活之中，隱身在你我心中，只要心澄如鏡，求道絕非難事。

至道無難，

唯嫌揀擇。（《信心銘》）

事物之所以具有難或易，乃是因人有揀擇及私利的心理，如果無法超越私利物慾、妄執自我的想法，就永遠無法求得佛道。

在現代社會中，人一早醒來，就匆匆忙忙的投入工作，至深夜始返，在這種忙碌勞累中，最容易產生只顧私利的想法。

唯有將一切挑剔揀擇之心棄絕，人才能走在寬廣的大路上，向佛道前進。

悉有佛性

眾生本具佛性；如未能發現，是求其本心的修行努力不夠。

正如在瓶中插上一枝梅，無論何人都可聞到那甜美的芬芳，理由是因瓶中有「梅香」之故。

同樣的，人之所以有尊嚴，乃因生而具佛性，這就是：

悉有佛性。（《碧巖錄》）

也因此，眾生才有存在的意義。

道元禪師將「悉有佛性」改爲「悉有是佛性」，打破了過去的形式。他認爲：並不是「凡存在的皆有佛性」，而是「凡存在的，原本就是佛性」。

明惠上人也認爲萬物皆在佛法內，即使是一張破紙，也是「佛法領悟」，故對之合十膜拜。可見是悉有佛性，也是悉有是佛性。

百尺竿頭須進步

人格的修養沒有極致，修道亦同，必須集中所有的精力，再接再厲，才有進步。

修禪者中，也有人自覺已達百尺竿頭的頂端，但是，這些躍上竿頭的高僧，還必須再度努力，才能「更上一步」，否則，就無法得到個中三昧。

長沙禪師曾經對門徒大喝：

百尺竿頭須進步，

十方世界現全身。《無門關》

人若開悟至某個境界時便不再修行，就無法眞正達到佛的境地。亦即欲修佛道，必須將身心於十方世界善用，痛下功夫，才能向前邁進一步。一個人只要活著，就必須努力求進步，才不枉費來世上一遭。

千萬不可生怠慢之心，否則，辛勤的成果將付諸流水。人生好比一座高山，必須常懷奮發心，才可攀上山頂。

易見而悟難

「泣露千般草，吟風一樣松」，這是寒山子隱居寒山時所作的詩句，對禪者而言，這其實代表著艱難的修行。

寒山雖佳境，
易見而悟難。（內隱禪師）

意即人人對美好的景物百看不厭，但對這風光所象徵的禪機，卻很難徹悟。

事實上，寒山子所隱居的寒山，地形之險峻，到了有路同無路的地步，千山萬谷，曲曲折折，所以上寒山足以和修行的嚴格相比。

雖然山中的草被露水所濕，谷中的松發出吟風一般的聲響，景色自然美麗，但這是否就代表著佛的聲音和姿容呢？

不，「易見而悟難」，寒山子所悟得的禪境更爲深遠。

大雪

改變心態煩惱就是菩提

一毫無佛法

有些人只要稍有一點學識經歷，便自以爲是，旁若無人，大發議論。

這眞是離禪心太遠了！

禪是超越理論，不立文字，且沒有親身體悟就無法了解的。只有下工夫眞參實證，才能悟道。

道元禪師跟著如淨禪師學習「身心脫落」的法門後返回日本，他說：

認得眼橫鼻直，

不受人瞞。

便空手還鄉，

所以一毫無佛法。《永平廣錄》

道元禪師歸國後，第一句話說的便是：「一毫無佛法。」

一般人多在留學返國時，帶回許多經卷，以表現自己的博學多能。

只有道元禪師確已習得「身心脫落」法門的眞髓，他才是眞實的體悟了佛法。

不立文字

追求眞理是作學問的目的，但禪學卻不拘執於知識，它超越一切文字，學者僅須全心全意坐禪修道，師父並不傳授任何文字經傳。

也就是說，禪是盡卻文字經傳等理論，傳之以坐禪悟道的深奧佛法。

不立文字，教外別傳，

直指人心，見性成佛。（《無門關》）

這就是禪學的教育辦法：不爲教學方法所囿，不爲文字所限制，而反觀內照，修練明心見性的禪法。

唯有覺悟禪道存於己心，並潛心修行，方可掌握眞實的佛法。

禪的獨特境界乃在於此。但凡受文字所擺布的一切道理，皆非眞禪。「直指人心，見性成佛」，才是禪的眞實面目。

釋尊即是以「不立文字」的辦法，以心傳心，將佛法於契證之中，傳予弟子迦葉尊者的。

坐斷意根

人心存在著種種欲望。

一旦拘執於塵欲妄念之中，意識和行動便會被其束縛，甚至失去人性。

欲望雖是生活中不可或缺的原動力，但若爲欲念所執，就無法明心見性，難以顯現本有的佛性。

所以徹底斬斷意識行動的根源，使人不生煩惱迷惑，即是「只管打坐」的精神所在。

明見佛性，
本不迷惑，
坐斷意根，
廓然瑩澈。（《坐禪用心記》）

道元禪師洞澈人心本具佛性，所以他鼓勵世人勿存迷執的妄想，坐斷意根，徹底參禪，以完成一無污染的人生。

一條白練去

赤子之心純淨無私，因此人人樂於接近，足以使人忘卻俗世的煩惱。

隨著年歲的增長，各種欲望也隨之而生。就像樹木枝葉日繁，若不予以修剪，很難具有美感。人心亦同，須時時修剪妄想欲念，才能明淨無垢。

寒灰去枯木，

一條白練去。（《從容錄》）

時時拂拭內心的塵埃，才不會爲世俗所污染。故應下眞參實證的工夫，努力超越迷執，讓自心潔淨如白絹一般。

雪白的絲絹，亮麗富有光澤。比任何圖畫都更爲賞心悅目。

人心若如白絹般清白純潔，毫無心機的與周遭的人相處，友誼便能如流水般涓涓長流！

竹影掃階塵不動

竹影掃階塵不動，
月穿潭底水無痕。（《菜根譚》）

竹葉搖曳，使映在階上的竹影有如掃把一般不斷的掃地。但那只是影子搖動而已，無法眞正掃去階上的塵埃。月光雖然照透了深潭，但潭底同樣也不會留下一絲痕跡。

此詩充分的顯示出忘我的情境，不爲事物所拘。

洪應明亦說：

水流任急境常靜，花落雖頻意自閒，
人常持此意，以應事接物，
身心何等自在。（《菜根譚》）

此亦儒教所道：「水流雖急亦無聲，周遭總是寧靜；落花恰似雪花紛飛，吾心寂靜不起波紋。」任何人能常保這種心境，以之待人接物，則心身將自由自在、無拘無束。

白雲自去來

天上的浮雲，變化萬千。

再厚的雲層也會被風吹散，躺在山頂上仰望晴空，白雲似乎就在舉手可得之處，又似乎人就與白雲同在。

青山元不動，

白雲自去來。（《五燈會元》）

山本來就是不動的，它自顧自的高聳入雲。而白雲卻會被風吹動，真的是「白雲自去來」。凝望飄泊的浮雲，人很容易有一種被引入幽幻世界的感觸。

無論如何，人生最重要的是「自去來」的無拘無執。一己的判斷或見解，都不足以改變人生。

唯有「自去來」的無心，才是窺見佛道的至要法門。

松老雲閒

在禪堂中，仰望蒼蒼古松。與鮮綠的松葉相比，古松的蒼勁樹幹別具風格。樹梢上的新枝勇毅伸張，有深入雲端的氣勢。白雲靜靜的從老松的枝梢間流走。

松老雲閒，

曠然自適。（《臨濟錄》）

凝視古松上的白雲，這一刻，對整個人生而言是極為美妙的。內心了無牽掛，悠然自適，仰望萬里晴空時，才能生廓然空寂的心境。

在繁忙的現代生活中，能保有這份坦蕩蕩的虛空之心，自然呼吸順暢，與大自然的脈動運轉一致，才能了解人生是不受年齡限制的。

一志不退

人不立志，就無所謂成功。

常常有人問：「人生到底是什麼？又應該做些什麼呢？」這眞令人納悶！

人只能活一生，所以要及早策畫自己的人生目標，並全心全力追尋理想。

禪者則以「只管打坐」爲第一專心事務。

道元禪師因此說：

誓願一志不退，

則僅經三歲，

即可辨道現成也。（《正法眼藏》）

人生不過百歲。在這一段短暫的歲月中，應努力實現自我，作爲此生的神聖使命。

只要意志堅定，三年之內持續用功，必可大有斬獲而前途似錦。

天上天下，唯我獨尊

每個人的存在，都是一種美好的事實。

「天生我才必有用」，既然來此世間，每個人便都是無可代替的了不起人物。

釋尊誕生時，右手指天，左手指地，繞行七步，環顧四方，並向周圍的人說：

天上天下，唯我獨尊。（《碧巖錄》）

釋尊一出世，即在天地間宣告自我獨立。

「初生嬰兒怎麼可能說出這種話來呢？」或許有人會發出如此的疑問。

其實，最重要的是，當下的自己能否右手指天，左手指地，繞行七步，也氣壯山河的高聲說：「天上天下，唯我獨尊。」

人人都是絕對了不起的存在，應有凜然的氣勢，期盼自己成爲至高無上的尊者。

頭上無寶冠

拋棄一切，是很難辦到的。

人的牽掛甚多，事業、家庭、愛情……，浮名虛利，男歡女愛，盡在心頭，所以修行難以徹底。

有一僧人曾請教魯祖寶雲禪師：「如何是諸佛？」

魯祖寶雲禪師簡單的回答：

頭上無寶冠。（《禪苑蒙求》）

意思是，如果內心沒有戴寶冠的貪欲，就足以成佛了。

只要尚存虛飾之心，就仍然離佛甚遠。唯有將一己的身心全然投入佛門，才能確實感受到佛的溫暖與親和。

這就是信仰。

假如你發現自己頭戴寶冠，務必立刻將之摘下。拘執此物，就會心生迷執。

袈裟功德

身著老師傳授下來的「袈裟」坐禪，內心總會充滿難以言詮的喜悅，似乎是整個身心俱為老師的精神所擁抱，並油然而生與釋尊相通的信心。

道元禪師曾特別強調：袈裟乃承繼佛法傳統的明證。

因此，身披袈裟的功德廣大無邊。一披上袈裟，即可斷絕一切惡，而達到至高無上的境界。

諸佛成道時，必著袈裟，

須知，

此乃最尊最上之功德也。（《正法眼藏》）

生命中，能坦然面對自我，謙沖靜默的待人接物者，才是第一等人物。

正如袈裟的功德，能坐斷一切煩惱、一切相、一切障，而與釋尊一脈相通。

主人公

人是否眞是自己的主宰呢？這種說法大有疑問。

我們在意他人的評論，在意別人對我們的看法，事實上，自己的主宰根本是他人，眞正的自我早已迷失了。

瑞巖和尚每日坐禪時，總是大聲的對自己說：「喂？主人公！」然後自己再回答：「在！」如此每日不間斷的喚醒自己。

惺惺著！（清醒著嗎？）

喏。（是的！）

他時異日，（從今以後，）

莫受人瞞，（不要受人欺騙！）

喏。（好的。）（《無門關》）

像這樣，一個人擁有眞正的自我，才能夠主宰自己。

欲識佛性

親鸞聖人說：「煩惱乃功德之體，冰多水也必多，惡事多則德業亦多。」意思是：身心愈苦惱時，心的覺醒也愈深刻。

冰融化後變成水，煩惱卸除後即成佛，在本質上是相同的。然而，正如冰無法洗臉，煩惱與佛的作用也不同。這似同實異的微妙關係即「煩惱即菩提」。

只有澀柿子才能製成甜柿餅。因爲柿餅的製作過程，並不只是取出澀味注入甜精，而是在剖開柿皮後，小心不要讓它被水弄濕，再仔細曬乾。這種精細的工作，就像煩惱一樣，非常必要。

掛在屋簷下的柿子，若不花一段時間曬乾，則澀味永不能轉成甜味；煩惱也是一樣，需要長久修行，才能轉爲覺悟。

欲識佛性，
要觀時節因緣。（《涅槃經》）

也就是這個意思。

一條鐵

與正直的人相處，有時會令人自慚形穢。因爲他們的公正不阿，會使人肅然起敬，這就是「一條鐵」一樣的人物。

萬里一條鐵。（《槐安國語》）

人應經常以這句話來勉勵自己，道元禪師亦將此話奉爲終生的圭臬。在《正法眼藏》中也有這麼一段文字：

我本行，

即使萬里一條鐵，

百年拋卻任縱橫。（《行佛威儀》）

高妙的禪理，亦如一條鐵般筆直不曲，但又縱橫自在、妙趣天成。

大地黃金

一個人無論身處何方，最重要的是心態上的感受。只要本心正直清純，事事盡力而爲，則不管去到哪裡，都是樂土，根本毋須到處遷移、飄泊，以致終無是處。當下所立之處，莫非佛土。無苦無障，無執無垢。若能以「煩惱即菩提」之觀點看諸法，則足下之地俱現黃金。

道元禪師曾說：

風性常住，
故佛家之風現成大地黃金，
並參熟長河之酥酪。（《正法眼藏》）

人生之旅痛苦而漫長，但只要以無心照單全收，再加以日日更新、力求進步，就會化惡緣爲善緣，並得到福慧果報。

故應與大地結善緣，使大地成爲光輝的黃金。

冬至

改變心態煩惱就是菩提

枯木生花

乾枯的古梅，樹形蟠曲，蔓生青苔，好似匍匐在地上爬行一般。

對俗人來說，枯木早已喪失生命力，但若以心眼來看，卻會感覺枯木另有一種生存的力量，甚且較嫩樹更具韌力。

枯木花開劫外春。（《人天眼目》）

以常理而言，枯木是絕不可能開花的，因爲生命早已結束。

但以佛心觀之，卻可領會到雖是枯木，也散發著佛性的光輝，一如青春正盛的花朵。

要知道，存於此世的一切，俱是佛的本來面目，每一次都有他特別的意義。

初發心

下雪的季節到了。這是初雪，初雪也是雪，沒有人會說初雪不是雪；同樣的，也不會有人去爭辯第三場雪是不是雪！

雪就是雪，無論是何時下的雪。

佛道，

初發心是佛道，

正成覺亦佛道。（《正法眼藏》）

道元禪師鼓勵世人發願參禪，他說：初次坐禪的發心，與大悟徹底的悟心並無差別。

當人生出坐禪辨道心之際，已經處於佛道之中，且佛道本身亦已於己心現成。

人生資歷無所謂初學或老練，凡眾生俱爲修行之道友。

雪漫漫

白雪漫漫，輕柔純淨，卻具有不可思議的力量。

很少人看到雪的時候會心存惡念。因爲雪的潔白，使人心遠離了污穢塵欲。

二祖慧可尚未入道前，名喚神光，當他請求初祖達摩大師納他於門下時，天上正下著紛飛細雪。神光就這樣立在少林寺外的雪地中，以利刃斬斷手臂，向達摩大師表明參禪求法的決心。

道元禪師十分重視這個故事，他說：

雪漫漫大地，大地雪漫漫，

非雪漫漫，大地無盡界。（《正法眼藏》）

立於漫漫雪地之中，特別會想起佛的大慈大悲心。

願人以白雪漫漫洗濯內心的塵埃污穢，而生活在清淨純潔的世界中。

一字不說

有些人志得意滿、自以爲是，喜歡滔滔不絕的說著毫無內涵眞義的話題。

釋尊傳法給迦葉，即以心傳心，其開悟的內容不著一字，只是會心一笑。

四十九年中，未嘗說一字。（《宏智廣錄》）

這句話是宏智禪師在釋尊成道後記述釋尊傳道的經過。

人生的確不可思議，一個喋喋不休的人，所說的話，旁人只當東風過耳，聽如未聞，深感不耐，但當此人猶如音響故障，嘈雜難耐。而沈默寡言的人開口時，人人凝神靜聽，將他所說的每一個字，奉爲金科玉律去遵行。

經常與具有修養的人相處，就算不言不語，也可以在其行爲當中獲得助益，學習到完美的人生哲學。

照心古鏡

抬頭挺胸的說「我正在努力」的人，雖然值得嘉勉，但心中存有太多的「我」，就很明白的顯示此人尚未徹悟人生。

忘卻一己的存在，方能眞正投入佛門的境界。

並且，要以先德古佛的教訓，作爲返觀內照的心鏡，時時刻刻反省審查。

何以不知，
從容於明窗之中，
有照心古鏡。《正法眼藏》

道元禪師在如淨禪師處，學得「只管打坐」的禪道，並以達到身心脫落爲目標，主張「不立文字，教外別傳，直指人心，見性成佛」。

然而，並不是因此就斷絕先德古佛的明訓，而是與之相互對照，以檢視自己坐禪修行的成果。

應將「我執」觀念棄絕，以無心平靜的坐禪參道。

自燈明，法燈明

釋迦八十歲時，在傳道途中因病去世，常侍釋迦左右的阿難，在釋迦臨終前請教：

「我師死後，阿難將依何爲生呢？」

釋迦指示他：

自燈明，依自，法燈明，依法，

其他無處可依。（佛陀）

人若能感受到內心的明燈，則外來的明燈也可以感受到。人雖有體內體外之分，但並不妨礙光明的照射，這無礙光就是永恆的明燈。無礙光的現象就是阿彌陀佛，而阿彌陀佛正是無量、無限的意思。

人若能使無礙光常在身邊，即可「自燈明，法燈明」，而「捨棄依賴心」。

這也就是「一燈在房，不怕夜行。一盞燈，黑暗何懼？」

超越佛祖

一心向道的佛門弟子，都以超越老師爲目標，潛心修行，希望更上層樓。而禪學教育也是以弟子超越老師爲目的，希望下一代的成就能夠高於前輩，以承先啓後來闡揚禪的精神。

所以禪者常鼓勵僧人，要努力超越釋尊及達摩大師，使自己的禪境大開。

設使：

超佛越祖，亦未免自西至東。《永平廣錄》

每日以此自我激勵，就能達到像釋尊或達摩大師的境界，但還要努力再超越，否則不過同樣是「自西至東」而已。

上述目標雖然不易達到，但人生只要全力以赴，努力修行，便不致落後太多。以超越釋尊和達摩大師爲一心的志向，這是學禪者的最高理想，即使不一定做得到，但「雖不中，亦不遠矣」！

勢不可使盡

集錄《碧巖錄》的宋朝高僧佛果禪師，在舒州太平寺任住持時，其師五祖法演傳給他〈法演四戒〉，其第一戒是：

勢不可使盡。（《大慧武庫》）

法演禪師的解釋是：「勢若用盡，禍必來」。

人很容易順著時勢去做一些事情，但這正是危機的所在。在最順利、運氣最好的時候，不知不覺會埋下毀滅自己的種子。因爲人並不是在逆境中才開始不幸的，而是在勢盛時即播下了不幸的種子。

第二戒是：

福不可受盡。（《大慧武庫》）

法演禪師解爲：「福若受盡，緣分必斷。」意即人們若盡情享樂，幸福與快樂之泉必會很快枯竭，而帶來幸福的緣分，也就會因此而中斷了。

規矩不可行盡

〈法演四戒〉中的第三戒是：

規矩不可行盡。（《大慧武庫》）

根據法演禪師的解釋是：「一旦把規矩行盡，就會帶來麻煩。」規矩是藍本、戒律之意。做人凡事宜以身作則，但若要用規矩來束縛別人的話，就會引起反感。有規矩是好事，但不可連芝麻大的事也斤斤計較，否則就會帶來麻煩。

禪者常說：「知之佯不知，學之佯未學，行之佯未行。」意即做人不可太精明，使周圍的人備受壓力，這就是禪者的處事態度。

〈法演四戒〉中的最後一戒是：

好話不可說盡。（《大慧武庫》）

依法演的解釋爲：「好話若說盡，就會流於平淡無味。」親切、和善、美麗的話是好的，但無論什麼話，如果說得太明白，趣味就會降低，使人索然無味。這句戒語的意義，實在比「過猶不及」還深刻。

無爲無事人

一個被輿論抨擊議論，卻口口聲聲說不在乎的人，其實更會拘執於無意義的瑣事之上，使心胸無法舒展豁然。

其實，凡事不必一定向外求，只要修心養性，深入內心尋找，便可覓著眞如的自我。

禪宗祖師達摩大師，有一日聽見弟子說「自我的一切皆爲空」時，便訓誡弟子們：「必須將『皆爲空』的那個『空』也一併捨棄。」

無為無事人，

猶遭金鎖難。《碧巖錄》

此話的意思是，即使是早已開悟的人，亦會爲自認爲開悟的金鎖所束縛。

終日沈醉於自我優越感中的人，必定無法參透生命的眞諦，必須有拘執俱無的空心，且不爲此心所拘束的性情，才有悟道的可能。

無佛處作佛

有緣才能相逢，此一刹那，很想合掌頂禮，感謝聚首的因緣。

像這樣的感懷慈悲心，的確十分可貴。

人心充滿了愛和溫暖，在無心中現出慈悲心，然後示現善心、善行，此時即可感覺佛心已與己同在。

得住有佛處，

急過無佛處。（《碧巖錄》）

千萬不可有做佛或成佛的心理存在。

一個人的人格高下，端視爲他人著想的程度如何，如果是自私自利，必然沒有人願意接近他。

唯有時時爲他人幸福設想且身體力行的人，才有人樂意親近他，因爲他的內在佛心已經現出光明，使人樂於接近。

如果能夠每天持續修行，便可照見一切，成爲一個發散佛光的人。

自未得度先度他

每個人都希望自己事事優先、高人一等，最先得救，最先渡達彼岸。只要自己能夠走在最前端，可以無所不用其極。

道元禪師曾經訓誡世人，如不將此妄執打斷，人將永遠得不到安寧。

唯行好事，
為人代事，不思留我名，
真實無所得，唯利生事，
即離我之第一用心也。〈《正法眼藏隨聞記》〉

內心無所求，以眾生的利益為第一優先，而懷著「自未得度先度他」的慈悲心，才能證悟眞道。

只要能一心一意為人謀福利，人生便無所迷執，自然能過得充實愉悅。

庭前柏樹子

自己的主張被肯定之後，就能得到快樂嗎?有時因此導致的私慾鬥爭，反而會引來不幸的事件。

若能捨棄自我的私慾，視他人如己，即得禪心。

有位雲遊僧曾問趙州禪師：「禪宗始祖達摩大師自印度來到中國，所傳之禪的極致究竟是什麼?」

趙州禪師不假思索的回答：

庭前柏樹子。（《無門關》）

雲遊僧無法領悟其中的妙意，乃一再詢問，然而所得答案總是一樣。最後，趙州禪師才解釋說：「不受理論所拘，應超然如庭前柏樹子。」

此話意在訓誡我們，要有如樹葉般不動的禪心，才能窺見至極的眞理。

聖胎長養

禪者的人生，以磨練人格爲最重要的修行。

修行並無所謂完成，若自禪師處得到印可證明，便自以爲悟道而因之怠慢修行，則過去一切的努力將盡皆成空。

大燈國師在二十六歲時，已經得到大應國師的印可證明。但大應國師卻特別在印可中指示：

「受印證以後二十年，宜絕人煙而聖胎長養。」

聖胎長養。（《見桃錄》）

「聖胎長養」即指大徹大悟之後的修行。

大應國師要大燈國師「二十年間聖胎長養」，就是要求他在大徹大悟後再修行二十年。

修禪即使已達悟境，也不能因此而疏忽怠慢一瞬，否則禪心即告閉塞蒙塵。

所以人只要一息尚存，便須修行。

逢佛殺佛

禪師往往會運用凌厲的機鋒，來勉勵人修行。時時發出驚人之語，伴以激昂的氣魄。如臨濟義玄禪師，向以氣勢懾人著稱。

逢佛殺佛，

逢祖殺祖。（《臨濟錄》）

坐禪至某一程度後，以全身氣魄厲聲吼出這句話，不但驚動四方，連自己也為之震懾不已。

臨濟義玄禪師的禪風，被公認為「呵風罵雨，機鋒峻烈」，可見其氣魄之威猛。修行時須互相激勵，才不致怠惰散漫。所以在修行的道場中，一向讓眾多僧人共同起居生活，便是為了互相激勵人性的脆弱與懶散。

人切忌自以為是，就算悟境已高，也不可大意，必須常常「喝」醒自己。

小寒

改變心態煩惱就是菩提

銀山鐵壁

禪理實在深奧而難解。

讀一百遍經書，聽一千次說法，也都像隔靴搔癢一樣抓不著癢處，難達實在禪境。

銀與鐵堅固難以融化；山與壁險峻難以攀登。

禪理正如銀山鐵壁，仰之彌高，鑽之彌堅，難以動搖。

銀山鐵壁，
孰敢鑽研，
蚊咬鐵牛，
難為下口。（《碧巖錄》）

禪如鐵牛般渾身銅牆鐵壁，必須心志堅定，以全身心力去接近禪，只管打坐，才能突破鐵壁，進窺禪道。

寒雲抱幽石

寒冬之中，獨自登上杳無人跡的山頂，但見寒雲低垂，籠罩著巨岩。靜靜的坐在山石上，傾聽天地宇宙中的聲音，使人恍惚佛祖的聖音在周圍輕聲漫唱。

皎潔的明月照耀著凝霜的大地，更襯托出清明如鏡的池水。此時，心靈忽與萬物契合，進入一片寧靜的世界。

寒雲抱幽石，
霜月照清池。（《槐安國語》）

此時此刻，禪心乍現，心如止水，人如明鏡，胸無塵思，真是天地人一體。

生活在凡俗的環境中，必須偶爾擁有一剎那的感動，並以禪心觀照人生，才能增見靈智的光輝，感受到生命的喜悅。

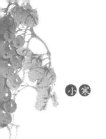

事難方見丈夫心

雪花紛飛，北國的冬天降臨大地。

一宿積雪，雖將松柏的枝葉完全染白，但松柏仍是忍風耐寒，凝然不動的承受著雪的沈重壓力。

這種忍耐刻苦的精神，與人的一生是完全相同的。

雪後始知松柏操，

事難方見丈夫心。《槐安國語》

人生當中，到處是風、霜、雨、雪，風平浪靜的日子並不多見。

只有達人才能像松柏一樣，忍耐人生旅途中的苦寒，經霜歷雪的度盡艱難。

凡人一旦受苦，總是怨聲載道。

但意志堅強的人，卻能忍辱負重。

唯有在最艱困的歲月當中，才能夠磨練出充滿大丈夫風範的偉大人格。

吉祥海雲

雖然氣候嚴寒，修行者仍於曙光未露的清晨起身，梳洗打點，焚香禮佛。

在香煙裊繞中，隱約可見東方的天空，有微光慢慢驅逐黑夜。

海面平靜無波，陽光逐漸在海平面上露出強烈的光輝。剎那間，浪興雲湧，萬物似乎都活躍起來了。

宇宙中實在是藏著巨大的力量。

萬物因此巨大的力量而存活，
當下此刻，眾生活著，
此一生命乃由超乎自己的力量所護持，
萬物皆為一體，
無不吉祥如意。（佛語）

眺望海浪與白雲的奔騰洶湧，自己實應盡力達成與萬物冥合一體的理想。

生死即涅槃

活著時才見得出勝負。

人們多期望在死後能往生極樂淨土，但卻不曾有人自極樂世界捎來證言和任何訊息。所以，到底什麼是極樂境地呢？

孟加拉有位高僧旅經日本時，說：「我雖不曾往生極樂淨土，但我確信日本目前的和平情勢，已經接近極樂世界。」也許是因爲孟加拉氣候炎熱，而日本氣候涼爽宜人的緣故吧！

人生的確充滿苦惱，卻能證悟煩惱即菩提。道元禪師參透了生死即涅槃的禪機。

不僅如此也，
更須覺了生死即涅槃。（《正法眼藏》）

凡人接觸佛祖說法，便是涅槃。

悟後十方空

人生充滿考驗。

有時才修練到某個境地，隨即又因俗塵煩擾而慾念重生。儘管自己努力進修，周遭的人們卻總執迷不悟，而且橫加干擾你的平靜。

「忍耐」眞是一生中最難做成的工夫，所謂「心上一把利刃」，端的十分難以消受。

然而，你該如何自處呢？

迷時三界有，

悟後十方空。（《從容錄》）

想要斷絕迷念，首先要做到心澄如水，將貪慾迷執全然斬斷，務使十方成空，光明清淨的入於太虛之境。

自他凡聖等一

心平氣和的坐禪。

同時，將內心的妄想欲念，逐一再三檢討，如果發現妄想正在醞釀欲念，則務必克制。因爲人在臨終時，是沒有一種東西帶得走的。

無論凡夫或聖人，皆應平等不二，具無欲心。

達摩大師曾說：

若也捨妄歸真，

凝住壁觀，

自他凡聖等一。（《二入四行論》）

在坐禪時檢視心頭欲念，雖好像旁門左道，但亦可藉禪坐以棄妄執，而後慢慢照見「身心脫落」的眞實自己，使人生更臻完美。

凡人與聖者等一，人與我亦合一，深悟此理，則心無所執。

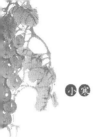

一聲長笛出雲來

風吹花落，遍地是殘落花瓣，或四處紛飛，或隨水東流。花瓣無所牽掛的將自己全然託付流水，所謂：

幾片落花隨水去，

一聲長笛出雲來。（《人天眼目》）

花落水流，凝視此一情景，即可知萬物中皆存佛心。

一聲長笛穿雲而來，不知始自何處，亦不知是由何人所吹？抑或因風過林梢而響起天籟？但縱不知來處亦無傷其美好。

全然陶醉在大自然的風光中，便會感覺鳥鳴亦如梵音，充滿無盡佛法，從而感覺到生命的偉大。

一切萬象，均有佛心。

兩頭俱截斷

人總是貪生怕死。生存令人執著迷戀，卻充滿苦業。爲苦業所困，日子當然難熬，必須以慧劍將之截爲兩斷，而以光明坦然的胸襟，創造超然自在的人生。

在兵庫湊川與足利尊氏應戰的楠木正成，是日本南北朝時代的武將，他內心時時出現對生死的迷惘，因此至廣嚴寺拜訪明極楚俊禪師，向他請教心中的疑惑：

「生死之交時當如何？」

兩頭俱截斷，

一劍倚天寒。（《槐安國語》）

明極楚俊禪師言下之意，是要楠木正成悟解禪機，莫爲生死所囿。兩頭即指爲生死所囿的迷惑，必須予以斬斷。正成豁然大悟，原來生死一如，本無分別，終於進入空無的化境。

與其優柔寡斷的過一生，不如大徹大悟的將此生悠然度盡。

慈無量心

人有惻隱之心，看見可憐的人，總想施以援手，不管是不是付諸實行，至少內心確有此意。此一惻隱之心亦即佛心，想要實踐佛心，必須棄絕利害得失的觀念。

以四種平等福慧，賦予無量眾生，此稱之爲佛的「四無量心」，又稱爲「四等心」。

慈無量心，與眾生樂。

悲無量心，拔眾生苦。

喜無量心，喜見他歡喜。

捨無量心，對他無憎無愛。（《智度論》）

上述佛心必須因禪的修行，始可現成。一切出於「自未得度先度他」之心，來實踐禪道中的四無量心。

在日常生活中，要盡力將佛心發揚光大；若能如此發願，人生將會更爲美好。

山氣日夕佳

遙望山色掩映間，總覺其中有佛心在活動。

人遠離塵囂，遁入雲深之處，對當年道元禪師離開繁華的京都，遁隱福井山的心理，自然可以領悟。

道元禪師曾應日本權貴北條時賴的邀請，在鎌倉滯留半年之久。其間，他更加確信自己最適合居住的地方，莫過於山嵐氤氳的永平寺。所以在冰融雪化之後，道元禪師便堅決的踏上朝北之路。

當永平寺出現在眼前時，道元禪師心胸頓感安暢，似乎此處的一切，都在熱烈歡迎他的到來。

春花秋月夏子規，

冬雪沁人冷冽冽。（《傘松道詠》）

日暮時分，夕靄沈沈，人心在此時也較爲沈靜，靜觀萬物與一己之間的關係，原來都是一體！

人生能達此一悟境，即是至善至妙。

臥月眠雲

在寒冷的冬夜，一個人來到湖岸。

明月在湖上散發出銀色光芒，使萬物得以在夜間活動。

臥月，

眠雲。（《虛堂錄》）

北風肆意吹過枯萎的蘆葦。正如在銀光燦爛的舞台上，款擺腰肢的芭蕾舞孃。

一切都是自然的搖動，並非受外力控制。

禪僧的心也要像蘆葦一樣，完全順應自然，無心的睡臥在柔和的月光下，在雲的懷抱裡安眠。

如此行雲流水的人生，心靈當然豐潤踏實。

沒蹤跡

人人都想為自己的生命留下美好的憑據。拍照、繪像、寫回憶錄……，都是人類企圖留下生存痕跡的方法。只有禪不願遺留曾經存在的證明。道元禪師一再的說：至高之境要「滅跡」。

直須藏身之處沒蹤跡。（《永平廣錄》）

一生修行而能成道者，是十分了不起的，如能帶到來世，豈非更為美好？但修行是各人特具的經驗，所謂「修行即證」，所以除了自己之外，是無法由任何地方承繼的。

禪無蹤跡可尋，如鴻雁飛過天際，天不留雁，雁不留影，真箇是了無痕跡！

一期一會

「一期」是指一生，「一會」是指一次，人生之中只有一次相聚的機會。這是多麼令人悵然的四個字。

「會者定離」，即相會者必有別離，禪詩曰：

相送當門有修竹，

為君葉葉起清風。（《虛堂錄》）

「相送當門」的行動表示佛教的眞理，而以「爲君葉葉起清風」的視覺來體認。祖來和尚常教誨人「相聚即別離」，因爲如此，所以待人接物要誠心虔意。「相會再別離，別離再相聚，秋風吹曠野，一期只一會，尚得再別離。」

井伊直弼也說：「茶會一期一會，也如主客的相會一般。今日之聚會，他日不再，亦可說是一世一度。」禪者以爲，不但與人相會不易，連與眞實的自我相會亦非易事。而自己相會跟與人相會，並非兩回事，而是「一如」。

金剛王寶劍

現代的社會，充滿緊張的壓力，每個人但覺日日疲倦困頓，胸口窒悶，很想拋開眼前的工作，過一段悠閒自在的日子。

這種充滿壓力的心情，應盡早卸除，以修行來恢復平靜的身心，否則很容易精神衰弱。

臨濟禪師擅長以「喝」聲坐斷一切妄想：

有時一喝，

如金剛王寶劍。（《臨濟錄》）

專注坐禪的僧人亦爲凡人，若認爲修行的人心中已經了無妄想，就是錯誤的想法。即使是落髮出家、身處深山的坐禪者，若心中仍牽掛紅塵世事，那麼，修行再久也是無用。

必須以像金剛王般鋒利的寶劍，毅然斬斷一切妄想，才是眞正的禪者。

大寒

改變心態煩惱就是菩提

莫妄想

「莫妄想」是無業和尚常掛在嘴邊的自勉詞，其一生身體力行，因此有詩云：

無業一生莫妄想，
瑞巖只乎主人公。（佚名）

妄者，空也，非實際的幻想也。此外，忘卻眼前發生的事，而爲其他的事所煩惱，也是妄想。人在生病時最容易產生妄想，腐蝕正常的思考能力。故白隱禪師曾告誡眾人說：「不是疾病致人於死，而是妄想摧殘人心。」

釋迦曾經訓示眾生：若對過去的事煩惱，對未來的事也煩惱，那麼，你們將幻化成一根枯草！

古詩說：「生年不滿百，常懷千歲憂。」沒有辦法活到一百歲的人，卻偏要煩惱千年以後的事，這樣愚昧的人，當然會產生萬般的煩惱。

風過而竹不留聲

明儒洪應明認爲：德性高尚的人，當事情發生時，心頭會起一陣波動，一旦事過境遷，心境就會回復到原先的虛無狀態，不會一直耿耿於懷，因而說：

風來疏竹，

風過而竹不留聲。（《菜根譚》）

不錯，人生是苦樂參半的，不管事情是好是壞，若是一直謹記在心頭，徒然浪費精力，也就是人要學著保持心境「虛空」的道理，他接著說：

「雁渡寒潭，雁去潭不留影，故君子事來而心始現，事去而心隨空。」

且抬頭看看雁子，當牠飛到深潭的上空時，影子確實倒映在水中，但當牠飛走時，影子也跟著消失無蹤了，人生正是如此。

修證一等

一般人都以爲只要持續修行數十年，便可開悟，而到達悟境之後，修行即告結束，便可收受俗人的皈依，安度餘生。

道元禪師卻不以爲然，他認爲：初學禪道之人，如果能夠認眞修禪，也有可能頓悟，而雖然身爲高僧名僧，如只是以身而非以心坐禪，仍是無悟。所謂：

佛法修證一等，

今亦為證上之修，

故初心之辨道乃本證之全體也。（《正法眼藏》）

這段話的確是擲地有聲，具有深義。道元禪師的教誨亦完全包容在這句話中。人應在人生命中的每一瞬間認眞的生活。人生即修行，修行方能開眼，開眼中又更存修行。

這也就是「人生即道場」的道理。

踍跳佛地

人生有終點，而修行無終止。

人有時會自以爲開悟，其實這正是迷惑的證據。當一個人傾盡全力修行時，往往會有在瞬間悟道的錯覺，此乃因執迷尚在。

一般人都以爲只要盡力苦修，就能達到最高佛境，如果迷信這種向上即止的悟法，無論如何努力，都只能原地踏步，而無法再上一層。此自滿即禪病是也。

宜忘卻悟境，超越悟境，方有眞實之悟。

道元禪師曾說：

學人皆踍跳佛地。（《學道用心集》）

激勵向上的心志，才能使人生得到無上的喜樂。故宜跳脫佛地，使人生更爲精進，切忌自以爲是的開悟。

萬法歸一

一切的存在，追根究底皆歸於絕對的「一」中。

禪即由此出發。

然而，在現實生活中，這個道理應如何善用呢？

有位雲遊僧參禪於趙州禪師，並問他：

「萬法歸一，一歸何處？」

趙州禪師在靜寂中，耳語般輕聲告訴他：

我在青州，作一領布衫（麻衣），重七斤。（《碧巖錄》）

雲遊僧無法領悟話中的含意，歪著頭表示不解。

其實，禪理不是講道理或問答即可領悟的，必須在現實生活中落實，禪的存在才具有生命。

把所有的理論拋諸腦後，用不拘執的態度來處事，方可體悟禪心。

大法輪

一心只想「度己」的人，其人格不能算是完整的。

具有完美人格的人，會以寬廣無邊的心眼，觀照周身的人與物。見人見物悲苦可憐，即刻伸出援手，體恤關懷，盡其全力。

釋尊在大徹大悟後，雲遊四方，化導說法，志在拯救眾生，這就是所謂的「大法輪」。

龍樹釋云：

鹿苑已轉小輪，

今復轉大法輪。（《三論玄義》）

自私自利且不為別人設想的人日益增多，難怪社會中再無安和樂利的日子可過。須以「自未得度先度他」之心，實踐大法輪的教義，才能窺見幸福的人生。

無心無欲，盡我所能為家人、朋友以及周圍的人謀幸福，喜樂才會輕扣自己的心扉。

第五橋邊二十年

大多數的人喜歡沾沾自喜，賣弄自己的學識與才能。在禪理中，這是十分膚淺的行爲！

日本大燈國師宗峰妙超二十六歲時，已經大悟大徹，修業圓滿。他的老師大應國師南浦紹明曾稱讚他爲：「汝天然納子也。」並說：「此後二十年，你且勿傳道，須進入深山中，一心修行，方可成爲一高德上人。」

於是，大燈國師便遵奉老師的訓令，毅然住入日本京都五條橋下，與乞丐群居在一起，二十年間無人識破其身分。一休禪師對這件事評價甚高：

挑起大燈一輝天，競鸞與轡法堂前，
風食水宿人記無，第五橋邊二十年。（《一休偈》）

若能直指本心到這種程度，當能絕棄一切妄執，悠然行走於天地之間。

松柏千年青

松柏蒼翠，千年長青。

人雖無法存活千年之久，然在僅有的百年光陰之中，也應常懷慈悲之心，努力修行完美的人格。

道元禪師認爲成佛的法門，其實是極爲簡單的。

成佛之道極易，
諸惡不作，
無執著生死，
待一切眾生，
具大慈悲心，
敬畏神明，憐憫下人，凡事無厭惡心，
無願亦無憂，即為佛。
其他則無所求。（《正法眼藏》）

紅爐一點雪

有些人開口閉口都是「我……」，似乎沒有「我」就什麼事都做不成。這些人最喜歡誇大自己的功績，讓人們注意到他的存在。其實，這類心態有時是因自卑感所致。

禪中無「我」。

白隱禪師年輕時，也常常說：「我如何……我如何……」的自我吹捧，甚至誇讚自己是禪中的天才。直到正受老人將他自禪庵中踢至簷下走廊，他才徹底摒絕過去狂妄虛誇的毛病。

具眞如佛性的禪者，心中應無「我」的存在。白隱禪師由正受老人之處，了解了無我的道理，而體悟到禪者應有的生活態度。

這正像雪花飄落在燃燒正烈的爐火上，噗哧的一聲，不著痕跡。

紅爐一點雪。（《碧巖錄》）

人生亦應如是。

銀碗裡盛雪

有一位僧人拜訪巴陵禪師時問：「何謂禪？」

巴陵禪師簡短的回答：

銀碗裡盛雪。（《碧巖錄》）

銀白的器皿中盛滿銀白色的雪，怎會與「禪」有關呢？所謂「類而不齊，混則知處」是也，亦即「似是而非」的意思。

銀碗、白雪都是清淨的東西。而「清淨」，是和不淨比較之後才產生出來的感覺。棄置不淨而執著入迷，就是我執，不是眞正的清淨。

圜悟禪師則以「七花八裂」四個字，把被認爲是清淨的清淨觀破壞無遺。用別的色彩來否定白色，是相對的認識，而用白色來否定白色，否定之後再否定，所遺留下來的方爲眞相。

竹有上下節

松無古今色，
竹有上下節。（《五燈會元》）

日本的夢窗國師也常引用這對名句，但他通常將上下句顚倒成爲：

竹有上下節，
松無古今色。（《夢窗國師語錄》）

松葉總是新舊更迭，因此看來經常翠綠一片，並無新舊顏色的差別。這似乎是告訴我們：做人也要新陳代謝，心無拘執。

竹有上下節，則比喻人生要段落分明，雖有新竹突出，但因一竿平直保持統一，所以毫不紊亂。

但願此心亦如松竹，無心無執的終此一生。

寒松一色千年別

庭院中的松樹，枝葉繁茂，不論何時觀看，總是青翠蒼勁，使人讚嘆不已。人與人之間也應如此，在每個相逢的剎那，都能給人新鮮愉快的感受。正如古松的千年青翠，永遠以一樣的顏色示人。

寒松一色千年別，
野老拈花萬國春。（《臨濟錄》）

現代的人急功近利，往往趨炎附勢、阿諛權要，使潔淨的身心沾滿污穢。最好能及時醒悟、拂去塵污，堂堂皇皇、光明正大的做人。

要超越時空與萬法，創造不朽的一生。

須知自己才是自己的主人翁，切不可爲外物所役。

願能如松樹一般千年蒼翠，茂盛而磊落的活得充實而自在。

寒盡不知年

地位愈高的人，做事愈是分秒必爭，才赴過一場喜宴，又要趕赴另一場喪禮，如此奔忙，根本沒有快樂可言。

太上隱者有詩云：

偶來松樹下，
高枕石頭眠，
山中無曆日，
寒盡不知年。（《唐詩選》）

詩人說，他曾在郊野漫步散心，無意中發現一棵古松枝椏茂盛，便躺臥樹下休息，不知不覺竟睡著了。醒來時，竟記不得今日是何日。因爲已無寒意，所以判斷春天將至，可能是歲序之始，但仍不記得自己今年幾歲了。

這眞是人生最高的境界。

歲月不待人

人生是一趟只有去路、沒有回程的旅行。

途中，雖有家人、朋友爲伴，但到頭來，終歸只有自己單獨走完全程。像這樣的一生，雖是艱苦，但無論是哭是笑，日子過了就不會再重來。

盛年不重來，一日難再晨，
及時當勉勵，歲月不待人。（《陶淵明集》）

禪者最珍惜每一瞬的剎那。

若見有人虛擲了片刻光陰，禪師便會嚴斥：「無常迅速，生死事大。」這即是禪學的中心思想。意即當下瞬息若是任意虛擲，則要待何時方始珍惜光陰？

歲月不待人，今日此刻永不再來，任何人都應該惜取光陰，珍惜此生。

天下太平

人應該常常反躬自省，檢討心鏡是否已經蒙塵。

其實，就算是剛才拭淨的心，也經常立即又會爲欲念玷污。

人若沈浸在這種污濁的思想當中，絕無幸福可言。

中國五嶽之一的南嶽衡山，山頂上樹立著一座著名的神禹碑，即馳名遠近的「南嶽峰頭八字碑」，因昭示天下太平而受到萬世景仰。

「天長地久、國泰民安」，此八字在《虛堂錄》裡亦曾提到，是極爲貴重的一座碑石。

大地絕纖埃。（《碧巖錄》）

意即天下太平！

須知欲望必招引貪念，使人沈淪苦海、一身污穢。倘能脫身其外，以第三者的冷眼旁觀，也一定會對陷於欲念淵藪內的自己深感煩惱，而嗤之以鼻。

只有無慾無心，方能天下太平。

國家圖書館出版品預行編目資料

白雲自去來：改變心態，煩惱就是菩提／滌塵著.
-- 初版. -- 新北市：黃山國際出版社有限公司,
2024.08
面；　公分. --（生活禪話；002）
ISBN 978-986-397-173-3（平裝）

224.517　113001087

生活禪話 002

白雲自去來：改變心態，煩惱就是菩提

著　　作　滌塵
出　　版　黃山國際出版社有限公司
220 新北市板橋區縣民大道 3 段 93 巷 30 弄 25 號 1 樓
電話：02-32343788　傳真：02-22234544
E-mail：pftwsdom@ms7.hinet.net
印　　刷　百通科技股份有限公司
電話：02-86926066　傳真：02-86926016
總 經 銷　貿騰發賣股份有限公司
新北市 235 中和區立德街 136 號 6 樓
電話：02-82275988　傳真：02-82275989
網址：www.namode.com
版　　次　2024 年 8 月初版一刷
特　　價　新台幣 300 元（缺頁或破損的書，請寄回更換）

ISBN-13：978-986-397-173-3